轮摆式创新

吴大有 著

中国商业出版社

图书在版编目(CIP)数据

轮摆式创新 / 吴大有著. -- 北京 : 中国商业出版社, 2022.1

ISBN 978-7-5208-1703-5

Ⅰ. ①轮… Ⅱ. ①吴… Ⅲ. ①企业管理－组织管理－研究 Ⅳ. ①F272.9

中国版本图书馆 CIP 数据核字(2021)第 144843 号

责任编辑：谭怀洲　王彦

中国商业出版社出版发行

010-63180647　www.c-cbook.com

(100053 北京广安门内报国寺 1 号)

新华书店经销

北京华创印务有限公司印刷

* * * * *

880 毫米 × 1230 毫米　16 开　14 印张　140 千字

2022 年 1 月第 1 版　2022 年 1 月第 1 次印刷

定价：59.80 元

* * * * *

(如有印装质量问题可更换)

内容简介

轮摆式创新是吴大有博士融合了创新管理体系的完整内容，并结合在国内十多年的落地经验后所得出的实战型的咨询管理系统。在落地的过程中，吴博士以项目化管理和青色组织系统作为支持，以加速组织转型速度。

为确保企业在进行组织转型时能有足够的可用资源与利润保障机制，提高转型的成功率，吴博士引进了剑桥的剩余价值挖掘商业理论以及 MIT 的组织行为设计系统，从三个阶段逐步地推动组织成为混序化青色组织，并能持续产出商业价值，这套完整的体系称为轮摆式创新系统。

序 言

VUCA时代，组织的变化与协同方法

如今已进入全球互联网经济下半场，随着国际局势的变化，中国内部的企业环境也发生了剧烈的变化。人口红利逐步消失，工业自主升级，互联网时代也走向了新的开端。

随着互联网时代的到来，信息技术发挥出联结一切的巨大能量。这个变化如此之大，"VUCA时代"这个词也应运而生。

VUCA是：volatility（易变性）、uncertainty（不确定性）、complexity（复杂性）、ambiguity（模糊性）的缩写。VUCA中每个元素的深层含义都是用来提高VUCA环境下的预见性和洞察力的战略能力，以及提高组织和个人在企业中的执行力，所以又有"数字时代荒野求生版GPS"之称。

在VUCA时代，由于信息技术高度发展，以知识迭代为基础形成的规模经济边界被不断突破，造成竞争格局的突变。过去我们习惯在静态条件下做规划，对未来判断是基于过去经验的延伸。但是在"VUCA时代"，这条路已经走不通了。

于是，小米创始人雷军提出了著名的"风口"理论。所谓"风口"特指变化不再是线性，而是指数的，甚至是突变的。可以想象，如果我们的商业社会每天都处在突变的环境中，整个系统肯定就崩溃了。所以这里所谓的变化，只会是渐变和突变的交织过程。所以，我们需

轮摆式创新　阶段式赋能组织升级

要总揽全局，厘清逻辑，为变动的商业社会找准一个认知锚点。

一个事物昨天新兴，可能今天就过时了，因为技术更替的速度正在加快。当人们还沉浸在过去、沉浸在惯性中，忘记了源动力是什么的时候，我们面对新事物时就会缺乏认知，并习惯性地用旧的认知惯性去理解甚至误导真实的观察和认知，从而导致被时代吞噬。

不变革，必将被互联网的潮流所吞没。对于企业组织而言，活下来，持续成长，才能有增长，从内部产生优质的变化与改进，才能走向未来。

这一切的成败在于企业是否能够达成三个重要的转型：人员组织转型、领导力思维转型、核心技术转型。其中，组织的转型以及技术的突破基础往往在于企业领导力思维的转型程度。因此，为了建立真正有效的创新型组织，领导团队学习如何建立创新影响力，带领员工拥抱创新变革与组织进化，实现实质上的企业升级已成为当务之急。

您是否遇到了下列的问题：

- 企业员工抱着守业的态度，沉醉于自己所取得的成绩，以过往的成绩为夸耀，失去创造更大价值的动力和方向；
- 不愿被卷入变化或不容易控制的形势之中；
- 当问题出现的时候，他们宁愿等待其他人主动或行动；
- 不愿意深究新情形、新问题中所隐藏的机会，常常患得患失，优柔寡断；
- 不能对不同形式的问题采取不同的处理策略；
- 对组织进化过程中产生的问题形成堆积或无法处理，产生不良影响；
- 对组织进化过程中产生的矛盾，持消极态度，或者激化。

如果领导团队没有做好准备，或者只是被动参与，他们何以推动组织进化与创新变革？只有通过了解组织转型进化的重要性，进行大量沟通并取得支持，领导团队才能运用各种工具与方法来引导组织的进化与变革。

作为企业组织，在这个时代，需要什么样的思维来支持我们去变革适应新时代呢？从谷歌到阿里巴巴等国际级企业组织变革趋势与成果来看，混序青色组织才是这个时代组织变革正确的打开方式。

怎样让别人有更大的能力去完成他们想要完成的事情，而不再是传统的管控——管理或者 KPI 激励，也就是提供给他们能更高效创造的环境和工具。

组织的未来，最大的问题是如何打造一个平台系统激活个人。那么，什么才是产业物联网时代创新组织的原则和模式呢？

为什么要组织转型，如何去面对环境的不确定性？

怎么让组织具有创造力？

……

本书的焦点放在组织变革方面，如何通过组织变革，赢得未来。本书从组织转型入手——传统组织转型，层级制到混序组织，混序组织变革、轮摆式创新，重新定义传统产业，建立新的组织规则，从激活个体、激活组织，到组织具有创造力，并告诉读者如何创新——打造"道法术器"集合，有高度、有深度、有方法、有工具。

以此为序！

吴大有

2021 年 6 月 1 日

目录

PART 1

传统组织转型：层级制到混序组织 001

一、青色混序组织与传统科层制管理的差别 002
    1. 人性特征有规可循——混序组织价值体现的两个方面 002
    2. 混序组织价值需求——呈"倒金字塔"状，市场生态随之发生改变 004
    3. 混序组织价值创造——价值创造组织，企业形态随之发生变化 005

二、青色混序组织满足个体心理需求 011
    1. 青色"三要素"：圆桌会议 012
    2. 圈长轮值 012
    3. 青色规则：组织生命体 014

三、混序组织：利益相关者的价值形态 017
    1. 股东价值形态 018
    2. 精英价值形态 019
    3. 客户价值形态 019
    4. 利益相关者价值形态 020

四、没有组织转型的支撑，战略转型一定失败 ……………… 021
    1. 观念升维：思想转变，创新创业 ……………………… 022
    2. 组织变革：组织转型，支撑战略转型 ………………… 023
    3. 战略转型：新的业务领域、市场方向 ………………… 029

PART 2
混序组织：定义、溯源与应用 …………………………… 033

一、混序组织及内核 …………………………………………… 033
    1. 混序的由来：自我管理、自我组织、自我发展 ……… 034
    2. 混序理念的内核：去权力中心和等级 ………………… 035

二、混序组织的变革：从 1.0 到 3.0 ………………………… 038
    1. 混序组织 1.0：企业混序组织 …………………………… 038
    2. 混序组织 2.0：生命型组织 ……………………………… 039
    3. 混序组织 3.0：青色组织 ………………………………… 041

三、从层级到混序青色组织的五大改变 ……………………… 045
    1. 员工双重角色 …………………………………………… 046
    2. 人人都能启动项目 ……………………………………… 048
    3. 人人都可当项目经理 …………………………………… 050
    4. 内部创业内部投资 ……………………………………… 050
    5. 复合式绩效考核 ………………………………………… 052

四、混序青色组织的应用 ……………………………………… 053
    1. 青色组织存在的意义 …………………………………… 053
    2. 明确角色边界：使命、职责、管辖领域 ……………… 054

五、混序青色组织协同方法 …………………………………… 055
    1. 导入引导圈子进化的圆桌会议流程 …………………… 055

  2. 导入青色的指标体系 057
  3. 导入同侪反馈和同侪评估 059
  4. 同侪评估贡献系数 063
  5. 引导管理者转型 063
  6. "专家—圈长"配合效果图 065

六、混序青色组织五大要素是什么？... 066
  1. 方式转化：将原来智能工作转化为圈子 067
  2. 去中心化：将层级组织转化为混序组织 069
  3. 混序融化：职能工作圈层化，圈层工作角色化 074
  4. 团队范化：按动态团队方式进行管理 077
  5. 生态进化：创造自组织，自我迭代进化 085

七、已混序和正在转型中的企业 088
  1. 华为：建设"以项目为中心的组织" 088
  2. 亚宝：建立快速创新小团队组织 091
  3. 复星：实施人才和产品创新战略 094
  4. 方太：打造全面混序组织 097
  5. 天士力：实现内部创新，提升管理效能 098
  6. 美捷步：自组织、自管理特点的合弄制 100

PART 3

轮摆式创新：从科层制到青色混序制 103

一、混序：在中心化和去中心化之间保持平衡 104
  1. 科层制与平台系统比较 104
  2. 混合控制：去中心化与科层制的平衡 108

二、企业趋势：未来工作=超级个体+生态平台 109
    1. 超级个体：个体觉醒，使命驱动 110
    2. 生态平台：从"管理"到"治理" 113

三、混序是产业互联网时代的组织思维 115
    1. 共赢：利益趋同的圈层化治理模式 116
    2. 效率：规范且灵活的治理过程 117
    3. 创新：混序极大激发创新动力和活力 118
    4. 开放：内外部开放，打破壁垒应对变化 120
    5. 平台：构建混序组织平台 120
    6. 共享：资源、人才、信息的内外部高效共享 123
    7. 跨界：培养复合人才，输送跨界创新人才 125

四、如何打造混序组织？ 126
    1. 混序组织的运行机制 126
    2. 混序青色组织的生态系统 129
    3. 混序化小团队的组织模式 135

五、混序组织实践案例 137
    1. 腾讯：管理模式开放，组织架构开放 137
    2. 小米：组织架构的"7人领导团队" 140
    3. 阿里："拥抱变化就是创造变化" 143

PART 4

如何进行轮摆式创新组织转型 146

一、轮摆式创新是什么？ 147
    1. 管理层：战略资源平台支持 147
    2. 执行层：形成核心资源创新小组 151

3. 轮摆式创新 WP 理论 153

二、轮摆式创新三个阶段 157

1. 钟摆创新阶段：唤醒执行层创新能力，激发企业活力 159
2. 耦合创新阶段：上下进行耦合迭代，使效益最大化 169
3. 轮摆创新阶段：自组织与平台共生共荣，裂变发展利益循环 175

三、轮摆式创新组织转型"过五关" 178

1. 理念认同 179
2. 探索试索 180
3. 整体启动 181
4. 制度固化 182
5. 深入人心 184

四、轮摆式创新启动"斩六将" 185

1. 企业领导思维：平等、协作、共享、共同努力 185
2. 高管理念：价值观转变与任务 187
3. 权力分享：下放权力，放松控制 188
4. 治理模式：动态战略，创新模式 189
5. 企业文化：扁平、创新文化的产生 191
6. 素质能力：自我管理，自我组织，自我实现 196

后序

全力激活个人价值 201

PART 1

传统组织转型：层级制到混序组织

当下时代，变化不可谓不快：从互联网到物联网，从 PC 端到移动终端，从大数据到人工智能，一个个新概念、新技术让我们眼花缭乱，不得不承认，这是一个充满不确定的时代。

在这个新时代里，我们发现，传统行业基本上被互联网企业及智能化商业模式所颠覆，创业门槛越来越高，一个小小的创意动辄就需要几亿、几十亿的资金进入，那些缺乏核心竞争力的企业逐渐消亡，靠着踩西瓜皮式的惯性发展已经脱离了正常轨道，逐步陷入深渊。新生代员工已经成为企业的主力，流动性特别大，心情主宰着工作成效。

员工管理、组织分工、组织如何转型，成为新时代企业发展的瓶颈。这个时代需要什么样的思维支持我们去变革适应新时代呢？

轮摆式创新：阶段式赋能组织升级

一、青色混序组织与传统科层制管理的差别

这个时代组织转型的产物，正是"混序组织"。它是 VISA 创始人迪伊·霍克根据其组织和运作 VISA 国际的经验提出的，依据主从关系构建的大金字塔式的组织架构，将由半独立而平等的个体联合组成的组织架构所替代。这种组织架构可能持续很长时间，不像现在的工业、金融企业发生那样激烈的并购，而会较好的融合既竞争又合作的机制。

这就是关于混序组织的概念，那么，我们应该如何去理解呢？

1. 人性特征有规可循——混序组织价值体现的两个方面

移动互联网时代，呼唤新的组织生态！这就是 VISA 创始人迪伊·霍克发明混序组织的根本原因所在。

在传统组织中，最为我们熟知的，就是泰勒的科学管理法。在管理者的眼中，人就是劳工、劳力、成本，人们之所以工作是为了满足生存需求。正如福特所说："我雇了一个人他却带来了脑袋，我只要一双手他却带来了情感。"在这种思想的影响下，每个人都被当作组织的工具，必须顺从组织的目标，基本是看组织的脸色而被雇用、发展或遗弃。

这就是中心化的、层级制的组织特点。传统科层制管理强调的是垂直管理和对权威的绝对服从。但是随着人们观念的不断进步，管理理论的丰富与发展，逐渐进入"白领时代"和"人性化时代"。

人们在组织中不仅付出了体力，还付出了智力，因此知识工作者、专业人才在这个阶段大量出现，与之相应的，在这个过程中，员工得

到了更多的尊重。这时候的特点是工作和生活分离，组织中的人也越来越有尊严，组织开始关注员工的精神世界和情感世界，关注员工的成就感和归属感。

迪伊·霍克提出的混序组织，强调人的价值需求与价值创造，也就是混序组织价值体现的两个方面。这也伴随着移动互联时代的到来，90后、95后，甚至00后开始走进组织，他们崇尚个性和自由，越来越强调给予个人自由的空间，鼓励创新与创造，满足个人的需求。人们在组织中除了付出智力，还要把智力和知识变成能力，同时在价值观和理念认同方面还有需求。

混序组织更加适合人性特征，如图1-1所示：

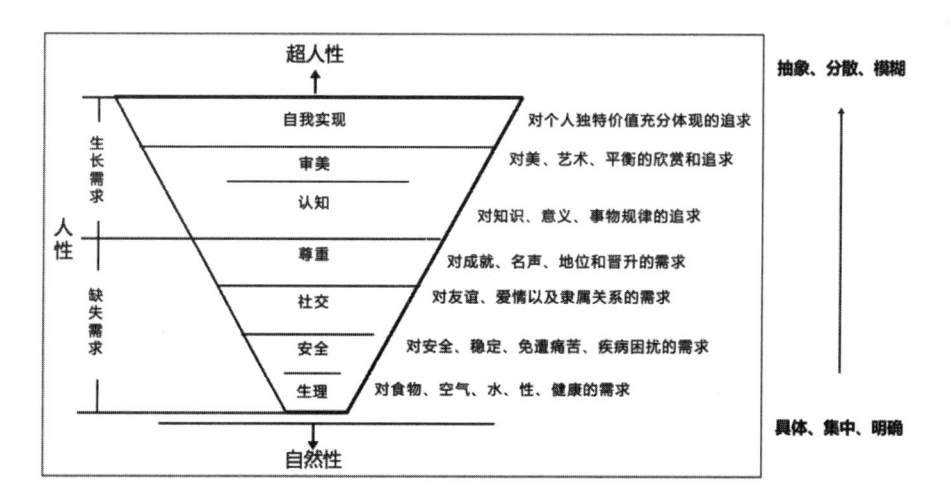

图1-1 混序组织的人性化特征

与之相适应的，是"混序组织"的产生。混序开始去中心化，变得开放、平等、协作、无边界。人到混序组织来的目的是满足自己的需求，发挥个人的最大价值。每一个进入混序组织的人最终都是以自我价值最大化为目的的，自我价值的实现将会成就组织价值的实现，在这个阶段，人与组织将实现高度的融合，没有清晰的界限，人本身就是组织。

混序组织慢慢在公司的控制需求与个人追求价值之间，找寻有利的平衡点，最终进入把人当成目的的"人本时代"。

2．混序组织价值需求——呈"倒金字塔"状，市场生态随之发生改变

与传统组织那种等级森严的金字塔形相比，混序组织是以客户为中心（客户1、客户2、客户3……）的自主经营体，是以互联网公司为代表的项目型组织，完全的去中心化、去层级，这种组织模式更符合人们想象中的自由、宽松、创意无限。

金字塔形组织与自主经营体的区别，如图1-2所示：

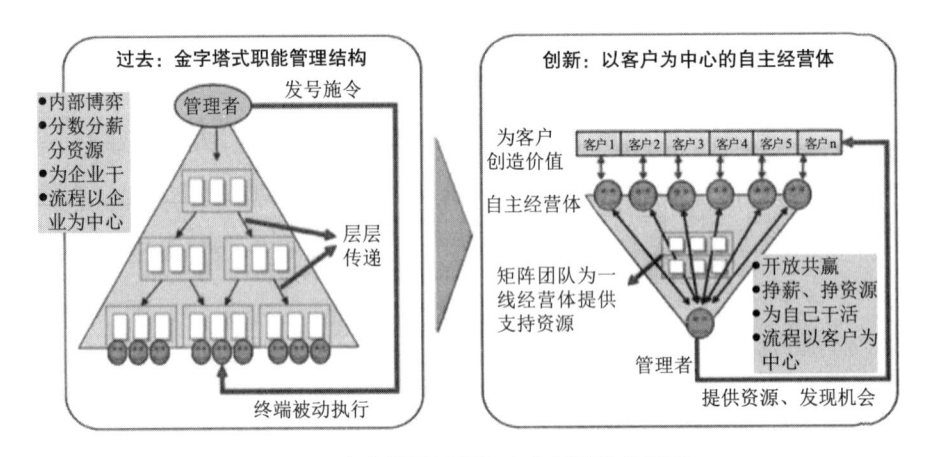

图1-2　金字塔形组织与自主经营体的区别

但是这种方式也存在一定的问题。比如，谷歌就做过这样一个实验：把管理层去掉，彻底扁平化，一下子多出了上千个项目经理，结果大量的项目经理天天请示，要钱、要人、抢资源，造成了失控局面。

最后，谷歌不得不折中，重新设置了层级岗位，分类分事业部进

行管理。那能否在金字塔的科层制组织和项目制组织的两者之间找到一种平衡呢？实际上，这就是迪伊·霍克倡导的混序组织——以"大平台+小团队"的形式而存在的混序组织，就是这样一种平衡的组织形式。如图 1-3 所示：

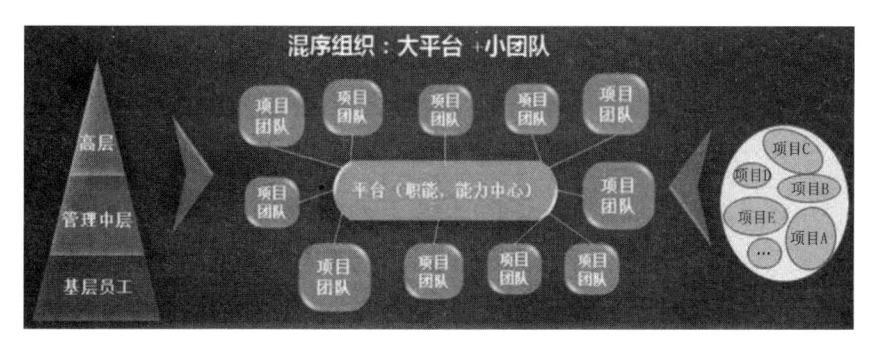

图 1-3 混序组织的形式

阿里巴巴也强调，"拥抱变化就是创造变化"，要在组织中创造混序生态系统，打造"大平台+小团队"的组织。2013 年，阿里巴巴把自己拆成了 7 大事业群和 25 个事业部，相当于 32 个群，每个群里还会生出无数小公司，就像先有一棵树，开花之后会引来蜜蜂和蝴蝶，传花授粉后会结果，果子会引来很多小动物，这样就会形成一个生态系统，类似一个生命系统从无到有，生生不息。

阿里巴巴的管理者认为："我们把大公司拆成小公司来做，就是要让更多的年轻人和新同事成长起来，这样我们的组织结构松而不散，以后权力多大，汇报给谁，都不重要了，而责任、信任和协同越来越重要，我不想建立一个帝国，我是想创造一个生态。"

3. 混序组织价值创造——价值创造组织，企业形态随之发生变化

组织结构是人们之间为了某种目标建立起来的分工、分组和协调

等模式的统称,大到国家、小到企业,只要存在人与人之间的合作,都可以组成组织。一个优秀的组织结构,要看它能否充分调动个体的积极性、发挥个体的效率,并以适度的公平保持组织的稳定。

金字塔结构是传统的组织结构,金字塔结构可以想象为无数个小的金字塔逐层叠加而成,按职能、授权、区域等进行分割,逐层信息传递和反馈,协调整个组织行为。

传统组织管理学认为,影响金字塔组织效率的关键是节点控制力和信息有效性,其中节点控制力表示各个层级领导的掌控能力,其影响因素包括:节点个人能力——个人能力越强则对子节点的控制数量越多和控制有效性越强;子节点个数——需要掌握的下级人员越多,掌控力越差;子节点差异性——下级的职能差异越大,节点能力要求越高,意味着控制越差。

信息有效性则是指连接各个节点时传递的信息的有效性,主要影响因素包括:原信息的准确性——越简单的信息越不容易失真;金字塔层级——越多的层次或者传递层级差别越大,偏差也越大。

金字塔结构的不足之处在于:组织结构的臃肿、管理的僵化、层级多控制传递失真等因素,但核心还是金字塔结构传导的问题,如授权机制、反馈机制和激励机制等起决定作用。

科技进步对我们的生活工作产生了巨大影响,我们已经进入了"互联网+"时代,怎样借助互联网提高管理的有效性,如何组建一个有效的组织结构,既要执行力更坚决,如军队般的整齐划一,又要让创造力更活跃,像硅谷般充满奇思异想呢?

这就需要"蜂群思维"。

"蜂群思维"的神奇之处在于,整个组织看起来没有一只蜜蜂在控制,却有一只看不见的手,控制着整个群体。它的神奇还在于,量变引起质变。要想从单个蜜蜂的机体过渡到集群机体,只需要增加蜜蜂的数量，使大量的蜜蜂聚集在一起，使它们能够相互交流。等到了某一阶段，当复杂度达到某一程度时，"集群"就会从"蜜蜂"中涌现出来。

利用蜂群思维建立的组织就是扁平结构，这是一种层级非常低、信息传递更直接的组织结构。

蚁群、蜂群等低级生物群体都属于这种结构，依靠点与点间的连接，像波动一样迅速传导信息，而后数量集聚导致质变，涌现出极为一致的"集群"特征。

多产业或多蜂王型企业的产业园区布局和产业组织结构形态示意图，如图1-4所示：

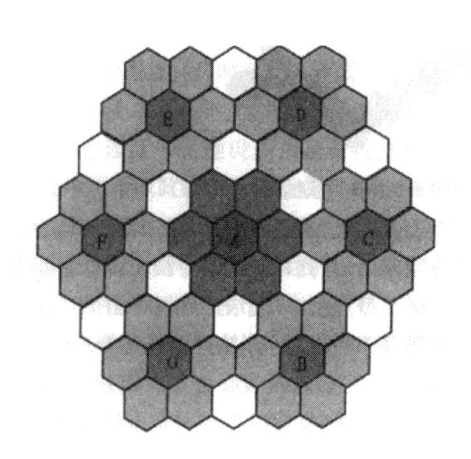

图1-4 蜂群组织结构形态结构示意图

对于"互联网+"时代对企业组织结构的要求，"小前端+大平台"的结构则是很多企业组织变革的"原型"结构。这种"小前端+大平台"代表着，以内部多个价值创造单元作为网络状的小前端与外部多种个性化需求有效对接，企业为小前端搭建起后端管理服务平台提供资源整合与配置。企业组织将成为资源和用户之间的双向交互平台。

我们来看一个案例。

韩都衣舍是伴随互联网电商迅速发展并脱颖而出的互联网服装品牌商，从最初依靠代购韩款女装，统一标识，形成自有淘宝品牌；到通过代购款式，自己打样选料并找代工厂批量生产，完善供应链，建立买手小组制，把主品牌做实，拓展多品牌；到如今建立起极具特色的以小组制为核心的单品全程运营体系，通过自我孵化和投资并购两种方式，打造成一个基于互联网的时尚品牌孵化平台。而韩都衣舍的小组制单品全程运营体系，就是"小前端+大平台"组织结构的典型体现。

以小组制为核心的单品全程运营体系，简称"小组制"。这一模式将传统的直线职能制打散、重组，即从设计师部、商品页面团队及对接生产、管理订单的部门中，各抽出 1 个人，组成 1 个小组，每个小组要对一款衣服的设计、营销、销售承担责任。每个小组拥有的权力非常大，可以决定产品的款式、颜色、尺码，甚至包括产品的数量、价格、折扣，公司都不会去强制要求或者干涉。这样，小组直接面对用户，用户的消费意见会直接通过小组决策反映到产品的改良和更新上。小组的提成或奖金会根据毛利率、资金周转率等体现小组对商品运营效果的指标计算。

这种经营模式，划小核算单元，责权利统一的方式，更有利于激活每个小团队的战斗力。

从管理架构来看，韩都衣舍三人一个小组，三个到五个小组为一个大组，三个到五个大组组成一个部，部上面是品牌。韩都衣舍通过小组制成功打造 HSTYLE 品牌后，从 2012 年起，韩都衣舍开始推出第一个内部子品牌 AMH，当年 5 月，又从外部收购了设计师品牌素缕。之后，韩都衣舍每年不断推出新的服装品牌，覆盖不同类型消费者的细分市场，到 2015 年，韩都衣舍正式运营的子品牌已有 16 个。所有品牌都统一执行小组制的单品全程运营体系。而公司为所有小组提供了一个公共服务平台，这个公共服务平台一方面提供所有可标准化、可以获得规模经济的环节，如客服、市场推广、物流、摄影等。另一方面从集团总经办下设两个组，品牌规划组与运营管理组。前者帮助品牌走完从无到有的过程，包括前期市场调研、商标注册、知识产权保护等工作；后者则负责对销售额达到 1000 万的品牌进行管理运营支持。此外，企划部通过大数据分析，了解商品生命周期和商品比率，制订详细的企划方案，以此把握品牌和品类的产品结构和销售节奏，为品牌规划组和运营管理组提供专业建议。

韩都衣舍还设立了产品小组更新自动化机制，公司给出每日销售排名，小组间互相竞争，同时又在激励上向业绩优秀的小组倾斜。做得好的小组产生示范效应，有小组成员会提出来独立单干；做得差的小组成员会跟过去，小组成员之间可以自由组合，进而推动小组之间的良性竞争与优化，在内部形成流动性，倒逼每个部门都想办法好好发展，留住最优秀的组员。从企业成长、人才成长的角度来看，这种流动的小团队机制将不断实现自我进化和提升。

以此来看，韩都衣舍通过划分 200 多个产品小组，赋予每个产品小组非常高的自治权。一方面在每个小组身上实现"责、权、利"的相对统一，借助自主经营体的设计赋予小组足够的动力；另一方面通过在小组人数、排名机制、新陈代谢等方面进行精心设计，鼓励小组问责，将小组承受的压力传导给公共服务部门，促使公共服务部门的服务不断优化。通过"小组制+服务平台"的模式，韩都衣舍最大限度地激发了每个单位的活力，并极大地丰富了服装的品种品类，提高了组织运营效率。

韩都衣舍的战略愿景是成为全球最有影响力的时尚品牌孵化平

台。在"互联网+"的浪潮下，拥有互联网基因的韩都衣舍从一开始就通过买手小组制建立起网络状组织结构的雏形，然后不断创新、升级、进化自己的商业模式，发展成一个时尚品牌发展生态系统，也因此成为行业旧格局有力的颠覆者、搅局者。

在"互联网+"的时代背景下，"小前端+大平台"的互联网化的组织结构，是"互联网+"时代传统企业组织结构变革的方向。海尔将金字塔式组织改变成倒金字塔式结构，将8万多人分为2000个自主经营体，提倡进行"企业平台化、员工创客化、用户个性化"的"三化"改革；阿里巴巴也把公司拆成更多的小事业部来运营，通过小事业部的努力，把商业生态系统变得更加透明、开放、协同和分享；苏宁向互联网转型，通过简政放权、组织扁平化、垂直管理、强化目标绩效管理、经营专业化、事业部公司化、项目制、小团队作战八个方面实现互联网组织变革。

我们有理由相信，伴随着"互联网+"的浪潮，未来还会有更多的企业通过组织结构的升级和转型拥抱"互联网+"时代。

正如VISA创始人迪伊·霍克提出的混序组织，其价值创造就是通过改变传统科层制管理的内部结构，打开部门边界，以项目为纽带，重新定义组织和人，无缝连接业务和职能部门，围绕公司战略部署和年度任务进行即时组合，形成多元化的任务团队，同时还开放组织边界，连接社会资源形成更广泛的合作体系。如图1-5所示。

在混序组织内部，员工不再像在传统科层组织里，是一个个被"困在坑里的萝卜"，他们可以通过参与项目实现多重角色（也就是混序）；原来起管控作用的职能部门转变为服务和支持性的坚实大平台（秩序并没有消失），为活跃在公司里的一个个小团队提供服务，以充分发挥小团队的灵活性和创造性，而这就是"大平台+小团队"模式。

图 1-5　混序组织架构

在这种模式下，公司员工既固定又流动，具有多重角色，是混和序的平衡。正如图中画的那样，是边界的消失。传统的职能岗位工作是序，但同时他又参与到项目中，承担项目团队的角色，混出创意；而项目本身是混，但在团队内部也有为完成一个明确的目标而要遵守的统一规范，这是混中有序。

二、青色混序组织满足个体心理需求

未来的混序组织，是什么样的呢？我们先来设想一下：好的组织，没有管理者，没有考勤，没有审批，没有 KPI，而青色混序组织，正好可以满足个体的心理需求。

1. 青色"三要素"：圆桌会议

西方人莱卢将组织分为红外、品红、红色、琥珀色、橙色、绿色、青色七种。

比较有代表的，橙色范式下，人就像机器一样。机器有高效率，但是没有人情味。

在绿色范式下，注重关系甚于结果。但是这种范式下，虽然注重人情味，缺点也很明显。一旦有人滥用宽容，组织就无法有效运转。

为什么要做青色组织？这是基于青色组织"三要素"——自主管理、身心完整、使命驱动。也就是青色组织的三大特征，通过圆桌会议实施。

相比于传统橙色组织——上级带领下级，上级控制下级，也就是层级制组织自上而下的管理模式，而现代青色组织——无层级，员工自主管理。这是要素一。

传统橙色组织——部门间沟通。科层制管理模式，上级之间沟通完毕，再通知下级去执行、去对接。而现代青色组织——决策人直接对接沟通。这是要素二。

现代青色组织是使命驱动、自主管理，提升了工作主动性。最终让企业自主运行，自动进化，这个就是青色组织的根本原理。这是要素三。

2. 圈长轮值

青色组织具体做了什么？

"四取消、一轮值"，彻底信任员工。

所谓四取消，即取消考勤，取消 KPI，取消审批、自助报销。

一轮值，即圈长轮值，就是把原来的固定管理者取消，由圈长进行有期限的管理。打个比方，只能管理一个月，第二个月必须通过投票，50%的人同意才可以管理，而且圈长不能连任。

圈长轮值，就是彻底信任员工。

没有一种管理模式可以适用任何时代的员工，当传统的管理模式不能有效地管理新生代员工时，管理者要做的不是抱怨，而是转变观念，然后结合新生代员工的特点寻找新的管理模式。

80后、90后员工在企业从少数派变成主力军后，管理者逐渐发现传统的管理模式难以规范、约束和改造他们。许多过去有效的管理方法现在失灵了，一些经验丰富的管理者也感到力不从心了。海信集团副总裁王志浩在接受记者采访时说："要管理好90后员工，想用传统的人力资源管理模式去规范、约束和改造他们，我觉得的确很难。"

事实上每一代员工都有其自身的问题，70后刚踏足职场时，老员工对他们的做事方式同样也颇有微词，只不过80后、90后进入职场之后，这种问题表现得更加鲜明、更加集中而已。对管理者来说，与其抱怨新生代员工难以管理，倒不如顺势转变管理理念、寻求新型的管理模式以适应新生代员工的管理。

过去的管理模式可能是对的，因为以前的员工任劳任怨、刻苦耐劳。但用以前的管理模式来管理80后、90后，就不适合了。时代环境造就了他们有着与前辈不同的人格特质，因此，对待新生代员工，管理者不能"一刀切"，应该根据他们的特点和需求，有针对性地采取不同的管理方式和领导风格。我们都知道新生代员工，思想活跃，讲究个性，不拘细节，不喜欢人云亦云，不甘当工具，讨厌被约束、控制和指挥，非常渴望被尊重和被理解。这些特点，多数是积极的，应加以正确利用。新生代员工思想活跃，讲究个性，主管就要营造一种氛围，给他们自由发挥的余地，让他们各抒己见，鼓励他们贡献自己的创见和创意，自己寻找解决问题的方法，并引导到企业所需的方向；

他们不喜欢被控制和被指挥,企业就要创造平等和谐的氛围,用指导、引导和协商代替控制和指挥……

也就是给新生代员工赋能。因为现实困局——新生代员工不惧权威,抗拒约束和管控,不管怎样,他们已经成为企业的主力军,不改变管理方式,企业就没有了人才,就没有了发展。

我在给一家美国连锁企业做顾问时,有一个员工跟管理者发生了言语冲突,之后便递交了辞职报告。但是管理者并没有引起足够的重视,迟迟没有找其沟通,甚至觉得不懂得尊重自己的员工,离开也没有什么好可惜的。最后竟引发负面情绪蔓延和传染,导致员工集体性递交了辞职报告,管理者这个时候才开始着急,想尽各种办法来阻止员工离职,搞得管理者非常被动。

这是很多企业真实的写照,写辞职信的员工还算有一定的职业素养,按照套路出牌,最可怕的是一转身就走了,连工资都不要了的员工,更有的员工是跟朋友吵架了,家里的狗狗生病了等原因都能成为他们辞职或旷工的理由,如果此时管理者还高高在上的话,就成了"孤家寡人"。

3. 青色规则:组织生命体

青色组织与传统科层制组织不同,它强调组织是一个生命系统。

西方学者莱卢认为:"青色组织有效运行的关键是基于同侪关系的自主管理系统,它追求身心完整以及真实的组织使命,并能不断进化。"

什么是生命体?

顾名思义,生命体就是以繁殖为目的、能自发进行熵变的自我进化体系。有生命形态的独立个体就是生命体,能对外界刺激做出相应的反应。

也就是说，生命体可以呼吸，需要营养物质，需要排出废物，需要对外界的刺激做出反应，并能生长繁殖，如图1-6所示：

大自然生命体的五大特征：
Five characteristics of the living organisms

01 生命体可以进行呼吸 They can breathe
02 生命体需要营养物质 They need nutrients to grow
03 生命体能排出体内的废物 They can export waste in their body
04 生命体可以对外界的刺激做出反应 They can respond to the outside
05 生命体可以生长繁殖 They can grow and give rise to offspring

图1-6　大自然生命体的五大特征

组织作为生命体的特征包括：

青色组织是个开放系统，主动感应外部变化；青色组织实现自我进化，角色自主管理，形成竞争和合作；青色组织实时反馈，进行动态调整；青色组织是彻底使命导向下的集体自制决策；青色组织最终适应环境并在环境竞争中胜出。

下面我们来看一个案例：

美国晨星番茄公司（或者翻译为晨星西红柿公司）在组织变革的道路上走在了前面，他们一直尝试自我管理，建立混序组织，逐渐成为全世界最大的西红柿加工厂。美国加州40%的西红柿都在他们的手中。

那么，很多人不禁要问，晨星番茄没有管理层，没有老板，没有首席执行官，没有一个员工有头衔，也没有晋升途径，为什么公司利润依然迅速增长，员工流失率非常低，而且保持着高度的创新能力呢？

要想找到答案，我们来回顾公司的过去。

1990年，公司创始人克里斯·鲁弗刚进入加工行业，就把员工召集起来，商讨"我们想要成为怎样的公司？"最后，答案聚焦在三条原则上：

第一，人在能自己控制自己生活时最幸福；

第二，人能"思考、充满活力、发挥创意、表达关怀"；

第三，最好的人类组织应该像志愿团体，没有外人管理，而是由参与者相互协调管理。

晨星番茄公司发展至今，有400名专职员工和3000名兼职员工。这么大的一家公司，竟然没有管理层、没有CEO，甚至都没有预算——员工自己磋商支出，最终的决定则由该支出能产生最大影响的地方的员工负责作出。无论是生物学家、农场工人还是公司会计，所有人都对公司负责。员工的职责、绩效指标和工资都是和同事商量的，没有涉及金钱和地位的政治斗争，员工更能感到是对同事负责，而不是对老板负责。

事实上，在一家大公司里，真正发挥作用的是自下而上的劳动分工与互相协调，而不应该是自上而下的管理控制。因为发号施令式的管理很容易让人忽略基层员工的力量，做出愚蠢的决策。一句话，良好的管理意味着良好的协调，员工掌握专门的技能，进行交流，就像市场里的参与者、城市里的公民一样。

三、混序组织：利益相关者的价值形态

企业形态是以人性特征演变规律为基础的，研究组织形态与经济生态、价值创造者三者之间的价值平衡关系，探索组织形态在经济生态中的进化规律，目的是为了通过有效的变革实现组织形态的最佳，以体现"物竞天择，适者生存"的生态法则。

企业形态管理是以一种全新的视角审视组织管理，是以人性角度揭示组织发展与变革的规律，为组织变革提供新的理论依据。

伴随着市场生态的发展，企业出现四种不同组织形态的特征，形成企业进化轨迹。如图 1-7 所示：

混序组织：利益相关者的价值形态

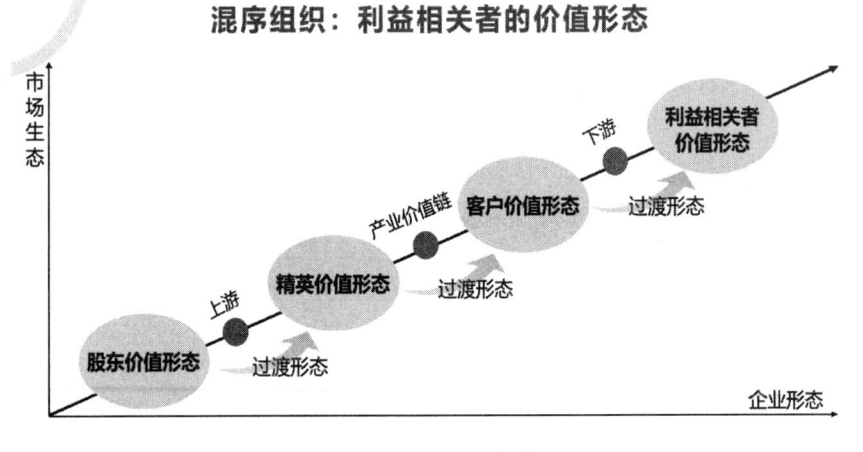

图 1-7 不同组织形态的特征

人性是企业形态管理的核心，因为任何科学、任何学科的建立，都是基于人性基础之上的，因此管理学也服务于人性，而管理本身就是人性管理。

何谓人性？也就是人的本性，是基于人类的共同属性，但是人性特征会随着时空发生改变，这种改变可以视为人类的进化。如图 1-8 所示：

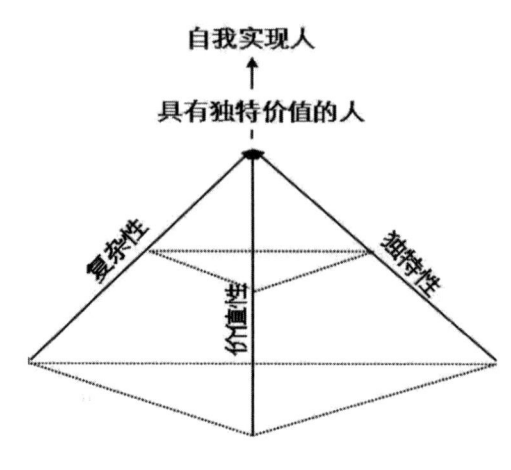

人性特征演变规律

图 1-8　人性特征演变规律

企业形态是基于人性管理的组织形态，可以分为：股东价值形态、精英价值形态、客户价值形态、利益相关者价值形态四种典型形态。这四种形态具有不同的特征，伴随着市场生态发展依次出现。

1. 股东价值形态

股东价值形态形如三角形，出现在市场生态的初建期，产业发展处于从自由竞争到垄断竞争的阶段，人性假设"经济人"。如图 1-9 所示：

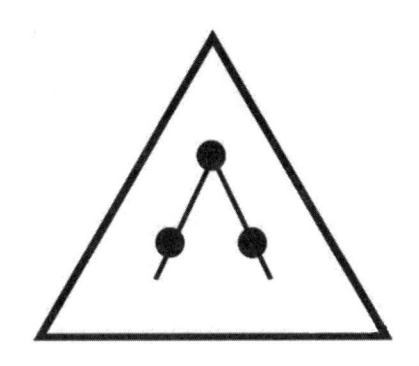

图 1-9　股东价值形态

2. 精英价值形态

精英价值形态形如梯形，出现在市场生态的成长期，产业之间出现联盟与合作，形成人性假设"社会人"。如图 1-10 所示：

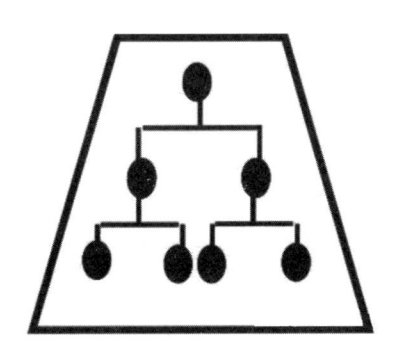

图 1-10　精英价值形态

股东价值形态与精英价值形态的企业在中国数量最多，也是人们常说的传统企业形态。

3. 客户价值形态

客户价值形态形如一条链，出现在市场生态的成熟期，逐渐发展为稳定的经济共同体，产业群落出现，人性假设"复杂人"。这是互联网时代的最佳企业形态，传统企业转型（进化）的方向。如图1-11所示：

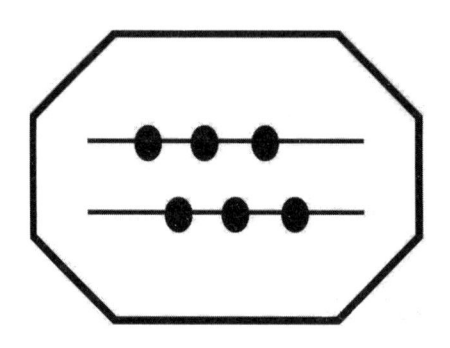

图1-11 客户价值形态

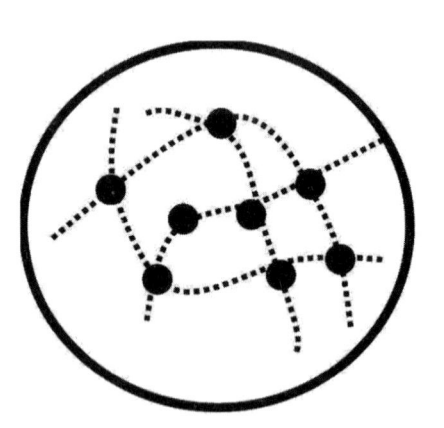

4. 利益相关者价值形态

利益相关者价值形态形如圆形，出现在市场生态的衰退期，产业群落不断融合最后形成一体化经济生态圈，人性假设"自我实现人"。这是4.0时代的主流企业形态。如图1-12所示：

图1-12 利益相关者价值形态

在这四种企业形态中，前两种股东价值形态、精英价值形态也称为封闭型组织形态，总体形态如金字塔；后面两种客户价值形态、利益相关者价值形态也称为开放型组织形态。

不同的组织形态具有不同的管理模式，前两种形态，就是传统科层制管理的组织形态；后面两种组织形态管理，正是混序组织管理形态。

不同的价值形态，要依据不同的组织形态特征采取"适宜"的模式。

四、没有组织转型的支撑，战略转型一定失败

我们正处在互联网技术改变世界、颠覆传统的新时代。

对于企业的经营者而言，有两句话值得我们反思："这是最好的时代，也是最坏的时代。""没有成功的企业，只有时代的企业。"本质上，这两句话蕴含着同一种洞见：一个企业与时代紧密相连，顺势而为者生，逆势而为者亡的优胜劣汰规则。

今天，是一个怎样的时代？

这是一个被互联网技术重新改造过的世界，这是一个更加开放的时代，这是一个90后、00后新生代主导消费的年代。在新的时代背景下，新的商业模式、新的组织模式，已经悄然形成。置身其中，我们都将深受其影响。

商业模式：个性化需求，导致个性化定制正取代同质化、大规模生产与销售模式。将一种定性的商品进行大规模、大批量的生产和销售，这样的B2C业务模式将走向消亡。

产业竞争：跨界竞争盛行，行业之间相互渗透与颠覆，竞争无边

界化，竞争对手泛化，比如小米从智能手机，到智能电视、空调、净水机、拉杆箱、儿童玩具……

营销传播：打造企业 IP 模式，正在替代传统的大投入、轰炸式的广告模式，精准、价值、情感等成为品牌与消费者沟通的关键词。

时代在发展，那么，未来组织需要怎样的原则？

1．观念升维：思想转变，创新创业

在传统工业时代，你可以慢慢做一件事情，有了好产品再发布出去，但是如今的移动互联网时代，如果你的产品两三个月不被人所接受，可能就会死掉。因为在互联网时代，生产者和消费者之间的界限被打破了，信息沟通的便捷性，使用户在引导企业创新。如图 1-13 所示：

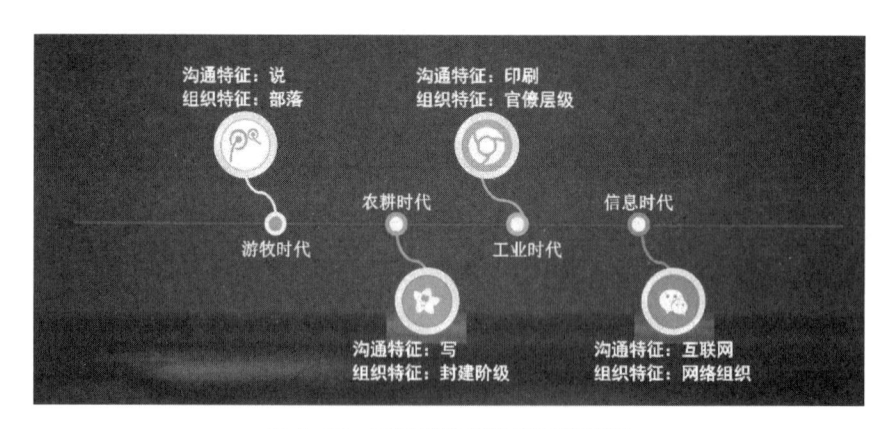

图 1-13　不同时代信息沟通的特征

互联网的影响，可以说是"颠覆"。所谓颠覆，来自互联网对传统信息不对称格局的彻底改写，由此带来以用户为代表的受众力量的崛起。今天，前所未有的信息传播方式和互动强度使得用户的位置，从商业价值链的末端转移到其起始，"用户驱动"正从过去先进企业的前

沿理念变成如今所有触网企业生存的必要条件。

这就意味着，在移动互联网时代，企业组织更要贴近用户，不是从上往下，也不是平行关系，而是融为一体。过去的工程师可以闭门造车，现在的工程师必须面对用户，必须在微博、论坛、线下等渠道与用户沟通。

2. 组织变革：组织转型，支撑战略转型

传统的组织管理，强调自下而上汇报，自上而下指挥，体现的是命令指挥链条的完整和规范。

我们先来看一下传统的组织架构。

（1）直线制

直线制是一种最早也是最简单的组织形式。它的特点是企业各级行政单位从上到下实行垂直领导，下属部门只接受一个上级的指令，各级主管负责人对所属单位的一切问题负责。

直线制组织结构的优点是：结构比较简单，责任分明，命令统一。缺点是：它要求行政负责人通晓多种知识和技能，亲自处理各种业务。这在业务比较复杂、企业规模比较大的情况下，把所有管理职能都集中到最高主管一人身上，显然是难以胜任的。因此，直线制只适用于规模较小、生产技术比较简单的企业，对生产技术和经营管理比较复杂的企业并不适宜。

直线制组织结构如图 1-14 所示：

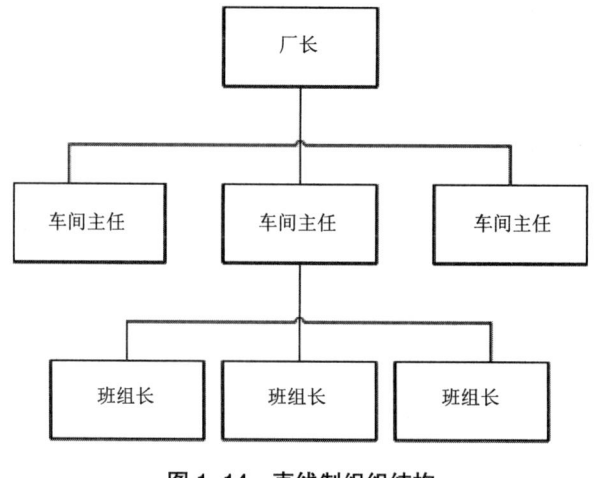

```
            ┌──────┐
            │ 厂长 │
            └──┬───┘
      ┌────────┼────────┐
  ┌───┴──┐ ┌───┴──┐ ┌───┴──┐
  │车间主任│ │车间主任│ │车间主任│
  └──────┘ └──┬───┘ └──────┘
       ┌──────┼──────┐
    ┌──┴─┐ ┌──┴─┐ ┌──┴─┐
    │班组长│ │班组长│ │班组长│
    └────┘ └────┘ └────┘
```

图 1-14　直线制组织结构

（2）职能制

职能制组织结构，是各级行政单位除主管负责人外，还相应地设立的一些职能机构。如在厂长下面设立职能机构和人员，协助厂长从事职能管理工作。这种结构要求行政主管把相应的管理职责和权力交给相关的职能机构，各职能机构就有权在自己业务范围内向下级行政单位发号施令。因此，下级行政负责人除了接受上级行政主管人指挥外，还必须接受上级各职能机构的领导。

职能制的优点是能适应现代化工业企业生产技术比较复杂、管理工作比较精细的特点；能充分发挥职能机构的专业管理作用，减轻直线领导人员的工作负担。但缺点也很明显：它妨碍了必要的集中领导和统一指挥，形成了多头领导；不利于建立和健全各级行政负责人和职能科室的责任制，在中间管理层往往会出现有功大家抢，有过大家推的现象。另外，在上级行政领导和职能机构的指导和命令发生矛盾时，下级就无所适从，影响工作的正常进行，容易造成纪律松弛，生产管理秩序混乱。由于这种组织结构形式所具有的明显缺陷，现代企业一般都不采用职能制。

职能制组织结构如图 1-15 所示：

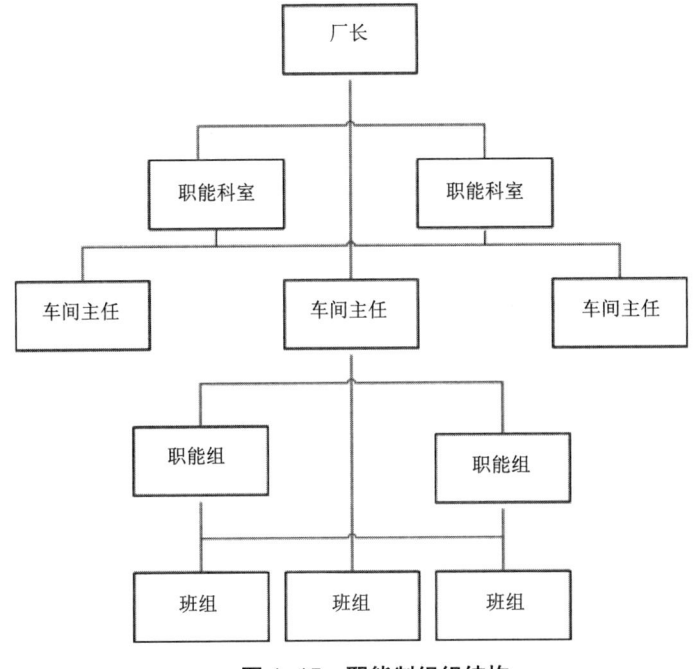

图 1-15 职能制组织结构

（3）直线—职能制

直线—职能制，也叫生产区域制，或直线参谋制。它是在直线制和职能制的基础上，取长补短，吸取这两种形式的优点而建立起来的。目前，绝大多数企业都采用这种组织结构形式。

这种组织结构形式是把企业管理机构和人员分为两类：一类是直线领导机构和人员，按命令统一原则对各级组织行使指挥权；另一类是职能机构和人员，按专业化原则，从事组织的各项职能管理工作。直线领导机构和人员在自己的职责范围内有一定的决定权和对所属下级的指挥权，并对自己部门的工作负全部责任。而职能机构和人员，则是直线指挥人员的参谋，不能对直接部门发号施令，只能进行业务指导。

直线—职能制的优点是：既保证了企业管理体系的集中统一，又可以在各级行政负责人的领导下，充分发挥各专业管理机构的作用。其缺点是：职能部门之间的协作和配合性较差，职能部门的许多工作要直接向上层领导报告请示才能处理，这一方面加重了上层领导的工作负担，另一方面也造成了办事效率低的情形。为了克服这些缺点，可以设立各种综合委员会，或建立各种会议制度，以协调各方面的工作，起到沟通作用，帮助高层领导出谋划策。

直线—职能制组织结构如图 1-16 所示：

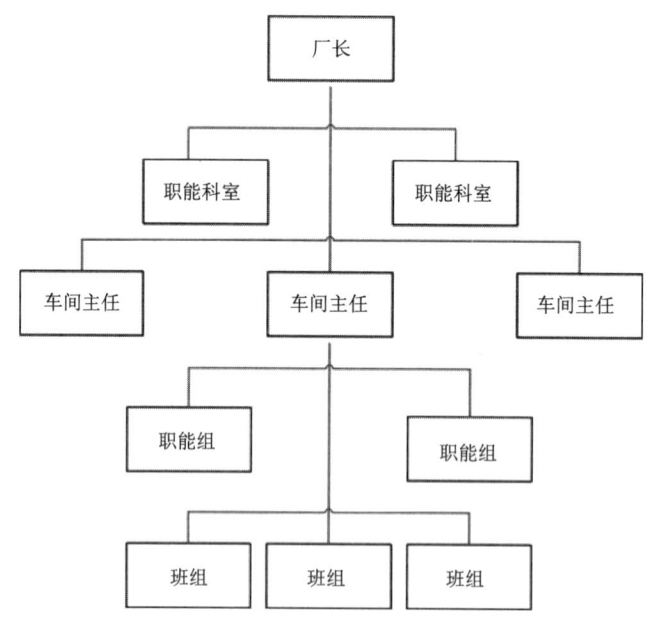

图 1-16 直线—职能制组织结构

然而在"互联网+"时代，企业和用户之间的距离可以无限接近，无缝连接，商业机会就蕴藏在同用户零距离的接触中。用户对产品和服务的评价不仅是对产品的质量好坏，更是对产品所带来的用户体验感受的综合评价，而用户体验的打造则是企业内所有价值创造环节共同产生的。

当用户能够使用互联网对产品进行评价的时候，企业的所有部门都必须直接对接市场、对接用户。对产品进行改进的决策不应该由企业的金字塔顶端作出，而得由最靠近用户的部门作出，这就是任正非所提出的"由听得见炮声的人和靠近战场的人作决定"。

传统的科层制组织结构中，指令上传下达，员工是为了最高层的指令而工作，上级评价决定了工作优劣，员工虽然贴近用户，但没有自主权利，反而唯命是从，唯指标而动。长期积淀下来，必然形成关注上级，一切以领导为中心的组织思想，也必然容易滋生大量的官僚主义，权力寻租的弊端。用户信息在科层结构中层层上传，然后再层层下达已经无法赶上和满足"互联网+"时代用户的个性化、碎片化和快速变化的需求。

因此，打破科层结构对组织行为和员工行为的束缚，打破组织僵化，让全员面向用户、快速反映用户需求是进行组织结构颠覆的重要挑战。

随着移动互联网的发展，传统组织结构的弊端日益暴露，内部各自为政，决策效率低下，用户反馈机制不够灵活，这种低下不是因为信息传播速度慢造成的，而是因为它需要由底层反馈，中层传导，高层进行决策，然后再原路返回，由底层执行。

从传统组织到混序的转型，组织会有哪些改变呢？

混序对于组织带来的最核心的两大改变——开放与平台，这种混序的项目化组织所带来的全新的思维理念和工作模式，不仅在组织转型变革和企业内部创业中发挥着重要作用，还将在更多的领域突破创新中产生超级价值。

在互联网条件下，用户成为中心，对用户需求及其变化的实时响应，成为竞争取胜的一条关键因素。而关键中的关键，就是时间。

可以说，在当今互联网时代，响应时间的重要性，彻底打破了信息向上汇总，指令向下传递的传统链条，代之而起的是每一局部的快速响应。因此，指令者与客户直接接触点越接近，越有可能在竞争中赢得先机。这必然要求加强基层决策权，最终导致组织从传统的统一指挥转变成分布式的指挥，这就是从科层制到混序组织的转变，即直接服务于客户的部门与团队拥有最后的决定权。而他们的决定要想落地实施，必须得到作为后盾的公司的资源支持，正如任正非所说："让一线呼唤炮火支援。"这个时候，实际上是前方在掌握指挥棒，前方的实际需求在指挥后方的支援活动。这就引出了另一个重要的变化。

从直线职能分割变成前端后端融合。传统的直线——职能制组织，按其本意，职能部门应对直线部门提供领域知识的支持，但在实际运行中，职能部门的角色，随着企业规模的膨胀，往往变成了监督者、控制者。

其实，在职能部门看来，既要保持统一和规范，又要保持和发挥基层的活力本就是一件不容易的事情。而在基层看来，他们的指令有不少是脱离实际情况的，因而颇多微词。也许在传统组织中，大家还可以相互迁就着把日子过下去，但在高度动态、信息开放、实时响应、频繁互动的互联网环境中，传统的直线——职能制组织，已经走到了尽头。

不客气地说，传统管理学课堂上讲的那些关于组织结构的知识，在互联网时代，已经过时了。于是，便有了"小前端+大平台"的思想。也就是混序组织，要让大平台服务于小前端，就像动用大批军力来支援特种部队一样，这实在应该点个赞。沿着这个思想再往前走一步，两端本一体，又何须分前后呢？

既然互联网可以让企业整合全球资源，为什么不能帮助企业整合后端所掌握的平台资源呢？既然前方指挥后方，何不打破前后方之间的樊篱，使得前后端之间高度融合，把未来的组织变成某种纵向前后端一体、横向打破各种现实和虚拟团队界限的新的网状组织呢？

我们看看从科层到混序，小米的混序组织是如何获得新生的？

在小米这样的互联网公司，企业把管理员工的权力从老板身上转移到用户身上。在移动互联网时代，必然要求企业的组织结构要扁平化，每个部门要小巧且灵活。

第一，小米没有KPI。这在传统企业看来是很不可思议的，即使在互联网公司也没有哪家企业是不做绩效评估的。

第二，他们的管理层很少，七八个合伙人下面分别有个主管，管理着七八个小组，然后就是普通员工。不管你在别的公司做总监还是经理，在小米都是工程师，级别都一样。表现好就加薪，但是没有晋升。也就是说，他们的管理异常扁平化，把职能拆得很细。这也对合伙人的能力提出了很高的要求，因为这意味着他们要管的事情很多。

第三，不开会，甚至作出的决策都不发邮件，有什么事情就在米聊群里解决，连报销都在米聊群截个图就可以了。

对于传统行业而言，组织创新面临两大难题：一是原来由工业文明时代引进的组织形式已经失效了，但他们没有意识到；二是任何一个组织不管处于什么时代，随着时间的变化，组织必然会变得官僚、涣散和僵化。在互联网时代，传统企业的组织结构需要凤凰涅槃，才能重生。

3. 战略转型：新的业务领域、市场方向

移动互联网时代，与传统工业时代相比，企业的人才环境发生了根本变化。同时，社会发展带来管理方式的变革，企业战略转型，从科层到混序，重新定义传统产业，新的业务领域、市场方向，建立新的商业规则。

人类社会有几种主要的经济形态，如图1-17所示：

人类社会的几种经济形态：

```
原始蛮荒时代 → 农耕经济时代 → 工业经济时代 → 知识经济时代
血缘部落      同宗族群      契约组织      网络社群
```

图1-17 人类社会的经济形态

我们为什么要重视组织的战略转型呢？这是跟社会发展的阶段有关的。

自从有了人类社会以来，社会发展大体经历了四个阶段：

第一个阶段是原始蛮荒时代。原始社会处于蛮荒时代，人类靠相互团结协作，战胜洪水猛兽。组织形式是血缘部落，原始人的相互交往主要限于有血缘关系的氏族部落，活动空间有限，视野非常狭小，仅能通过自己的实际体验和模仿长者的做法，学习狩猎、种植、采摘等生存技能。

第二个阶段是农耕经济时代。这个时代，土地都掌握在皇帝手里，"普天之下，莫非王土；率土之滨，莫非王臣"。皇帝为了巩固自己的统治，会把自己王国的一部分土地分封给皇亲、官僚以及立功的臣子。这些受封土地的人就成了地主或领主，他们雇用长工为自己耕作土地或把地租给佃农。这个时代比较封闭，因为传统的农耕经济是自给自足的自然经济，以家庭为单位，男耕女织，经营规模小，所生产的产品以满足自身的需要为目的，不需要市场和商品交流。由于人们和市场的联系甚小，对于外界的变化仅仅通过人们的道听途说来感知，因而封闭性是不可避免的。

同时，农耕经济以铁犁牛耕为主要方式，精耕细作，人们的大部分时间又被束缚在土地上，跟社会的交往就更少了。组织形式为同宗族群，选举德高望重的长者担任族长决定族群事务。虽然有了文字和文明，但只有小部分的官宦家庭的子弟才有学习和接受教育的机会。

第三个阶段是工业经济时代。以18世纪瓦特发明蒸汽机为标志的工业革命发生后，人类社会进入工业经济时代，企业和工厂陆续出现，并成规模化。农民放下锄头走进工厂，逐渐成为与生产资料、设备、资金一样的资源，被企业家整合利用，获取价值。

与"企业"相对应的词，英语中称为"enterprise"，它由两部分组成，"enter"和"prise"，前者具有"获得，开始享有"的含义，可以引申为"盈利、收益"；后者有"撬起、撑起"的意思，引申为"杠杆、工具"。两个部分结合在一起，表示"获取盈利的工具"。

为了让员工能够更多的产出，管理者开始关注到员工技能的提升，对员工进行训练，同时，很多研究者也开始对如何提升效率进行研究，如亚当·斯密的分工理论、泰勒的科学管理、赫茨伯格的双因素理论、马斯洛的需求层次理论等，目的都是为了改善工作流程，提高员工的工作积极性，这个时候的培训和训练，学习者大都是被动的，更多是管理方从自己利益最大化的角度出发强加给员工的一种提高效益的方式。员工与公司靠契约关系组织在一起，员工在一定时间内向企业主出卖劳动获得收入，是一种谋生的手段。

第四个阶段是知识经济时代。随着人们生活水平的逐渐改善，文化程度也普遍提高，并凭借越来越便捷的传播工具，发生了"信息大爆炸"。科技高度发达使得人们逐渐从繁重的体力工作中解放出来，开始思考自己的发展和社会价值。

尤其是进入移动互联网时代，更加便利了人们相互之间的沟通，大大减少了获取信息的时间和难度。这个时代，你要想成功，不再是你掌握了多少的知识和资源，而是怎么对知识和资源有效运用。

人们可以凭借自己所掌握的知识、技能、信息和资源去创造价值，甚至在家里、在咖啡厅、在旅途中，都可以通过网络与另一端从未谋面的陌生人谈生意。在现实中，你千万别小看周围默默无闻的小字辈，或许他就是网络社区的大咖。

可以说，只要你拥有的知识、技能、信息和资源为人所需要，就有存在和发展的机会。尤其是伴随着互联网成长起来的 80 后、90 后新生代陆续进入社会，他们更多关注自身的价值观和内心感受，追求独立与自我风格，不愿再受传统管理方式的束缚。

没有组织转型的支撑，战略转型一定失败。所以，用人组织在知识经济时代更要关注员工的成长，建立富有创造力和自由宽松的工作环境，提供更广阔的发展平台。有些企业担心人才流失不进行培养，实际上不进行培养，人才流失的会更快。

PART 2

混序组织：定义、溯源与应用

怎么让组织具有创造力，其中最重要的核心是创建混序组织激活个体。个体激活后，我们又该如何去面对环境的不确定性？怎么让个体在一个混序组织的平台上发挥作用呢？即激活组织。

一、混序组织及内核

混序是介于"混沌"和"有序"之间的新型组织，它是对传统科层制组织的一种创新和挑战。真正了解混序组织，首先要了解混序组织的背景，以及所基于的基本理念，并以一种网络组织模式与有机生态系统的去中心化为内核。基于混序组织的管理是分权式、自我组织、自我控制的管理，其核心是创新与变革。

1. 混序的由来：自我管理、自我组织、自我发展

"混序"是一个英译词，最早由迪伊·霍克提出，他把"chaos"和"order"合成一个词"chaord（混序）"。迪伊·霍克是20世纪60年代美国一家银行的职员，他提出混序的概念，是因为他做了这样一件事：

以前美国的信用卡都是各个银行自己发自己的，互不兼容，这给人们的生活带来了一些不便。平常人们出去买东西，要带很多信用卡，这就是工业时代组织之间缺乏协作、完全的竞争把社会商业割裂的集中体现。

迪伊·霍克自然也意识到了这个问题，他想能不能让全美的信用卡通用呢？于是后来当他成为银行高层之后，就致力于把各大银行组织起来形成一个联盟，共同使用一个信用卡。在他的努力下，VISA卡终于诞生了，VISA卡不仅覆盖了美国的各大银行，后来全球的银行纷纷加入，这样手持一张卡便能轻松走遍天下。

从这个意义上来说，迪伊·霍克算是全球信用卡联盟的创始人。他的这一创举，是对传统信用卡组织和运作方式的颠覆，最重要的是在做这件事的时候，他创造了一种模仿生态圈的"混序"组织结构。

为什么是模仿生态圈呢？

这与迪伊·霍克的成长环境有关。他从小生活在美国的一个小镇，很喜欢大自然，而且善于思考。我们都知道，大自然没有控制者，没有领袖，也没有权力中心，是一种看似无序其实又有序，以其不自生故能长生的状态，大自然中的万事万物根据自己的习性各自发展与进化，看似独立、分离的，但彼此之间又有内在联系，既竞争又合作，自然生态的运作没有一个主宰却井然有序。

这种把众多组织放在一个合作共赢的平台，是一个全新的组织形

式,是对当时传统的工业社会、科层制管理传统观念的一个颠覆。这种"混序"组织,可以自我管理、自我组织、自我发展,就像生态社会一样,呈现出"有序的混沌",在这种状态下能够让人类的才智和精神得到充分发挥,既保持一定的有序,又能够自由,彼此相联系,通过这种方式来获得更高级的人类社会组织形式,以适应未来的社会发展。如图2-1所示:

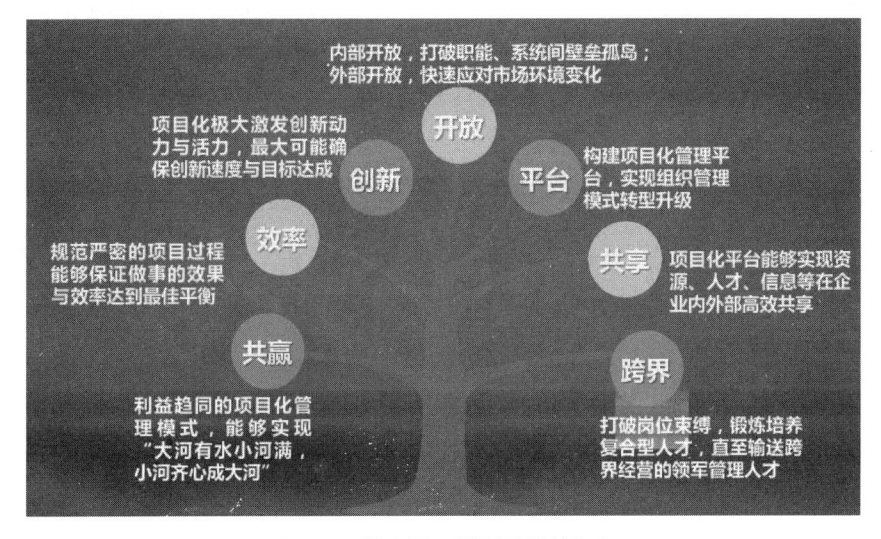

图2-1 混序是互联网思维的组织

总之,迪伊·霍克构想的"混序组织联盟"没有权力中心,没有CEO,没有上下级,每个参与的组织都是一个独立的整体,但同时又是一个更大整体的一部分,这样就把人类社会的组织构造成像大自然的生态一样。

2. 混序理念的内核:去权力中心和等级

大自然之所以能产生令人震惊的多样性,就是因为它在本质上是开放的,生命不会仅靠最早诞生的那几个基因产生令人眼花缭乱的变化，相反是要尽可能多地创造新的基因，不断拓宽自身的生存空间。混序理念最关键的内核，就是去权力中心和等级，以平等的会员身份，互相以协议的方式共同来维护组织，相互依赖，相互联系，共同和谐发展。如图 2-2 所示：

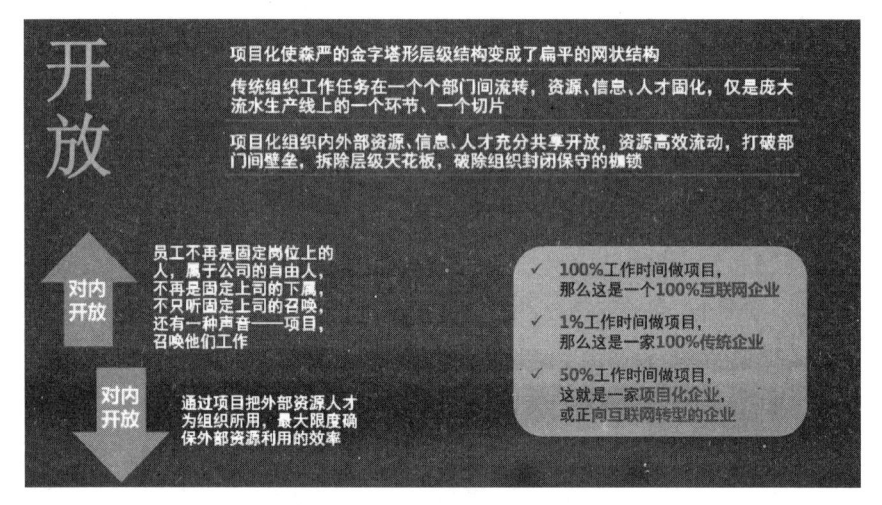

图 2-2　开放型混序组织内核

企业是一个有生命的组织，它有产生、发展、消亡的生命周期，如何在它的生命历程中创造最大价值，如何高效经营和组织管理资源，如何适应外部环境的变化，有效改进管理方式呢？

传统科层组织是以权力为中心的控制系统，是基于大工业时代的科学管理、机器思维而建立的，它对应的是平稳、确定和可预测的外部环境。但是在当下移动互联网时代，一切都发生了变化。

于是，传统金字塔型的中心化组织要发生改变。而这种混序管理模式是对母体金字塔型组织的再造，是原有组织面向未来对抗不确定性的进化，是一种中心化和去中心化平衡的组织结构。如图 2-3 所示：

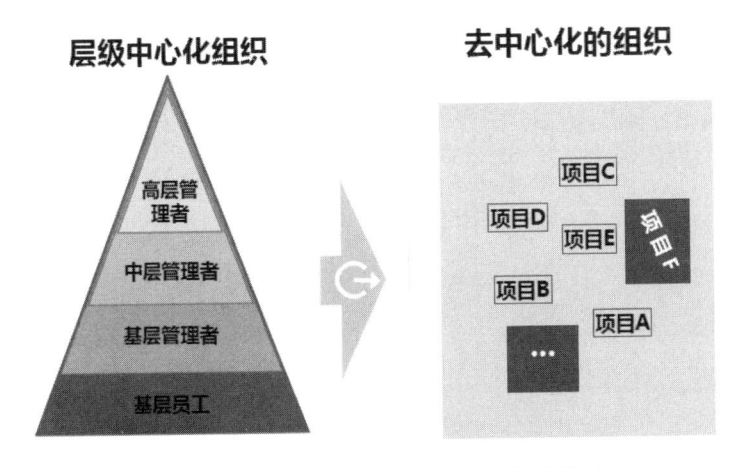

图 2-3 中心化组织与去中心化组织的区别

一方面保留原有的权力控制系统，代表严格秩序，精益的流程，标准化的操作，是层级制的运作模式；另一方面是混沌的、自主的临时小团队运作，以任务结果为导向的、自我管理的去中心化的运作模式，是未来传统组织转型和再造的理想管理模式和创新的组织结构。

对于层级制企业来说，严格的控制能够带来高度的确定性和一致性，但是会遏制员工的创造力，减少员工创新的发挥，员工就不愿主动去做事，不仅降低了员工在工作中投放的能量，而且产生了大量的内耗。

而有些互联网公司采用彻底扁平的项目制，这种完全的开放和自由能够让员工充满活力，但自由度太高，没有边界，活力不受控，也容易造成资源浪费，失去聚焦，造成混乱。所以在组织内部，组织动力是有一个临界值的，过冷和过热都会超过临界值，继而给企业造成不可挽回的损失。混序对组织的变革主要是针对层级制企业，调整系统的温度，引导活力产生的能量，在确定性和创造性中间寻找适度平衡。

二、混序组织的变革：从 1.0 到 3.0

混序思想和混序组织的形式并非一成不变，而是处于不断进化和迭代之中。而混序思想和实践的发展，尤其是跟现代企业、社会情况相结合，混序组织的变革已经从 1.0 升级到了 3.0 阶段。

1. 混序组织 1.0：企业混序组织

最早的混序组织，将原来管理项目的方法变成管理组织中一次性工作的方法，把组织中临时性的、具有明确目标、预算和进度要求的复杂任务从原有的流程式的工作中分离出来，组织跨部门的团队，按照项目的技术和方法进行管理，从而能够比传统的管理方式更好、更快、更省的实现目标。

我们称这种管理实践为"企业混序组织"。

混序组织本身就是一种创新。从序到混，从原来的科层制管理到混序，创业就是在不断地突破、破坏、颠覆。

现在很多互联网企业都是混序组织，Uber、Google、小米、阿里巴巴、腾讯、罗辑思维等，都是很少有层级的，他们的基本模式是团队，以团队为基本组织结构的组织，是具备混序特征的。

这些企业的初始阶段不会超过三层，之后会多一些，但一定是以团队为核心的。所以，互联网企业中的混沌是用团队体现的，有事就在，没事就回去，按照新的任务再重组，出现随机的、可以流动的资源组合的状态，所以是一种混沌状态。而互联网企业的平台和部门，代表着企业的秩序。他们的工作是重复性、标准化、规范化的，比如财务、IT 等。

这几年，海底捞"火"了一阵，为什么？因为海底捞最核心的是给一线员工一定的自由裁量权。来了客户以后，送你一个眼镜布，送你一个玩具或者免单都是由一线服务员决定的。因此，客户体验比一般的火锅店要好很多。

有人错误地认为，海底捞的"火"是因为它的服务，这只是看到了问题的表面，却没有看到海底捞变态的服务背后有序的部分。标准化的服务是一线员工必须做到的。但凡现在成功的组织，一定是权力下放给基层，背后有一个强大的支撑部门和平台，并严格做到有规范、有秩序，这就是混和序的有机结合，也就是混序组织。

2. 混序组织 2.0：生命型组织

通过企业混序管理，不仅对组织转型意义重大，而且对创业创新也具有方法论的价值。在组织内部，通过小团队自由创意，思想碰撞，达成共识，确定目标，快速迭代，瞄准用户痛点，迅速推出新产品。组织通过混序，再造自己，员工通过混序重塑自己，把自己改变为能够具备企业家精神的内部创客。

也就是说，通过混序管理再造组织，打造学习型组织、生命型组织。这就是混序组织从 1.0 发展到 2.0 阶段。

生命型组织是管理大师阿里·德赫斯 1997 年在《长寿公司》中首先提出的。生命型企业指的是为了"生活意义"而存在和发展的，管理者把企业作为一个有理想、有目标并与生存环境相平衡的"生物有机体"来培养和管理。其生存能力和发展潜力将伴随肌体的健康成长不断延续，企业生命的延续可带来持久的经济利益，并形成发展的良性循环。

生命型组织从本质来说，是一种学习型组织。学习不仅可以提升一个人的能力，也可以提升一个团队的能力。团队领导的学习，主要是为了将自己的团队带领成最好的团队；而团队成员的学习，则主要是为了解决问题，达成目标。

组织是一个耗散结构——熵，又称非平衡系统的自组织理论，企业的自组织必须符合耗散结构。如图 2-4 所示：

01 企业战略层面
一、能对周围环境保持敏锐的反应以便学习和适应。
二、凭着强烈的认同感达成公司上下的一致。
三、为积蓄财力而在财政上采取保守政策。
四、允许打破常规和进行不落俗套的思考和试验。

02 内部管理层面
一、重视员工胜于重视资产。
二、放松控制，给予员工形成新思想的空间。
三、组织学习。
四、构建人际社区，拥有共同的价值观，相互信任。

图 2-4　耗散结构负熵实现过程

一个团队学习的过程，就是团队成员思想不断交流、智慧火花不断碰撞的过程。英国作家肖伯纳有一句名言："两个人各自拿着一个苹果，互相交换，每人仍然只有一个苹果；两个人各自拥有一个思想，互相交换，每个人就拥有两个思想。"如果团队中每个成员都能把自己掌握的新知识、新技术、新思想拿出来和其他团队成员分享，集体的智慧势必大增，1+1>2 的效果自然而然也就显现出来了。

在学习型组织内部，往往会形成一股比、学、赶、帮、超的浓厚的学习氛围。企业更像一所大学校，员工在这里不但学到了知识，而且体现了人生的价值。目前，国内一些企业，通过创办"学习型企业"而给企业带来了勃勃生机。复星集团董事长郭广昌经常说的一句话就是："企业之间最核心的竞争，就是看谁能比竞争对手学习得更快！"

3. 混序组织 3.0：青色组织

未来组织形态会是什么样？是赤橙黄绿青蓝紫？混序组织发展的 3.0——青色组织，代表着未来组织的方向。我们知道，组织形态从金字塔到网状形态的迭代，从自上而下的科层，已经演化成更加松散的组织，被称为"混序"组织。

人们在组织设置上经历了四种不同的协作方式，分别基于四种非常不同的世界观：冲动—红色、服从—琥珀色、成就—橙色以及多元—绿色。如图 2-5 所示：

图 2-5 不同形态的组织

(1)红色组织(冲动/狼群)

首领(头狼)持续用武力以保持队伍(狼群)的执行力。该组织具备快速的反应,能在混乱的环境下繁盛,而且其命令具有权威性。

(2)琥珀色组织(公司、学校系统)

该组织在科层制金字塔中拥有高度正式的角色。它的核心任务是自上而下地命令和控制组织成员做什么,怎么做,如图 2-6 所示:

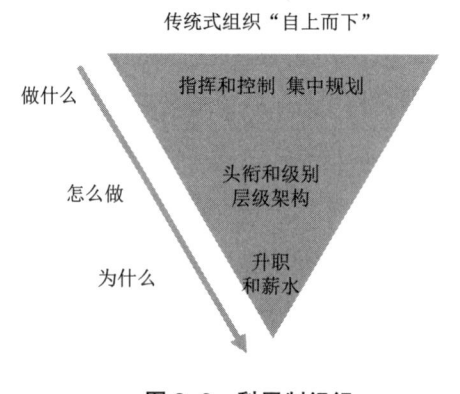

传统式组织"自上而下"

做什么 —— 指挥和控制 集中规划
怎么做 —— 头衔和级别 层级架构
为什么 —— 升职和薪水

图 2-6 科层制组织

(3)橙色组织(跨国公司、私立学校)

该组织的目标是打败竞争者,取得盈利和增长而其目标管理则是命令和控制员工做什么,将如何做的自由留给员工。另外,创新、责任制、精英制是该组织的核心内容。

(4)绿色组织(文化驱动型组织)

在经典的金字塔结构中,绿色组织聚焦于文化与授权,以达成非凡的员工激励。

(5)混序组织 3.0:青色组织(进化型组织),也可以理解成自组织

人们认知的青色组织,往往停留在教育机构和非营利机构中。其实，这类组织已经在一些高科技公司、制造企业中出现。

在这些组织中，团队成员通过自我管理机制进行目标设定，极大地压缩了行政职能支撑部门的作用。

开放式组织的特点如图 2-7 所示：

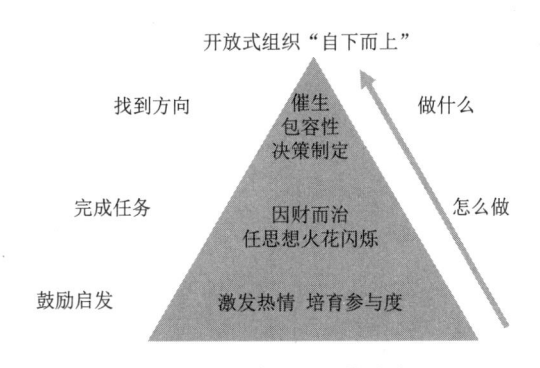

图 2-7 开放式组织的特点

青色组织主要有以下特点：

第一，青色组织没有架构，也没有管理和领导。这并不是真正削弱了汇报关系，而是在青色组织中，以项目为导向进行相应的岗位设置，权力不再集中在顶层，信息在组织内部透明，让在一线的工作人员有更大的决策权。比如，某制造商，取消了销售部门，而是将他们与车间工人合成一个单元，同时也取消了工人上下班打卡的制度，给予工人充分的授权与信任。

第二，人人平等。在青色组织内，人人平等并非追求人人平等的权力，而是追求人人都有力量。比如，某医疗机构内，每位护士不再用 KPI 衡量她们的业绩，不再被单一地分配 30 个病人，不再需要花费大量时间去熟悉病人的名字或者按照 10 分钟的时间卡表完成输液、插管等服务，而是让她们服务于自己熟悉的病人，能更好地了解病情帮助病人更快地痊愈，从而为卫生医疗机构每年节约上亿的开支。这一切是自主管理的结果。

第三，自主管理就是赋能。这就是新的战略思考方式，如果没有组织的创新是不可能落地的。

身处移动互联网时代，其背后孕育着更深层次的变革：一端是用户的变化，另一端是企业组织的变化。用户的变化带来的是产品至上、服务为王、共生经济。场景变了，一切有趣的事情都在手机上发生；市场变了，更多的商机在浮现；商业和商业的法则变了，一些企业终将没落，另一些企业注定要崛起。

在传统时代，成功的企业的商业模式是从 1 到 N 的过程，也就是在现有的基础上，复制以前的经验及商业模式，从而扩张规模，然后通过竞争不断扩张自己的影响力。而在互联网时代，成功的企业却是从 0 到 1 创造市场的过程。

互联网时代的创业，一切都是颠覆与创新；互联网时代，创业者最大的标签就是创造。从层级制的管控到青色组织的赋能，才是未来组织最重要的原则。青色组织管理在无边界组织时代更是一门艺术，如果职位不再是拴牢员工的脖颈，那么如何建立组织内的影响力或者真正帮助组织及员工成长即将成为一个新时代的管理者需要关注的话题。

总之，混序是未来组织探寻的一种重要的模式，是完全不同的组织范式。从企业混序（1.0 时代）到混序是一种有机生命模式（2.0 时代），再到混序是青色组织（3.0 时代）。混序组织的变革是一种进化的过程。组织的全新思维在混乱中寻找有序，真正的创新就是在边缘中寻找活跃的生命力。

三、从层级到混序青色组织的五大改变

近代企业组织经历了上百年的发展,从工业时代到互联网时代,组织的主力从 80 后、85 后,到 90 后,甚至 95 后,他们具备个性化、知识化、国际化等特点,更加注重自己在组织中的位置和价值创造。

从层级到混序组织,年轻人更希望把知识和智力变成能力的提高,他们需要的是赋能的青色组织,成就自己,发挥最大的价值。而自我价值的实现也就是组织价值实现的过程,因为在这个过程中,人和组织是高度融合的。对于组织来说,要做的就是在控制公司需求与个人追求价值之间找到一个平衡点,打造组织与个人共同创造价值的人本时代。

于是,员工从科层制的固定岗位,发展到多重角色的新时代员工。如图 2-8 所示:

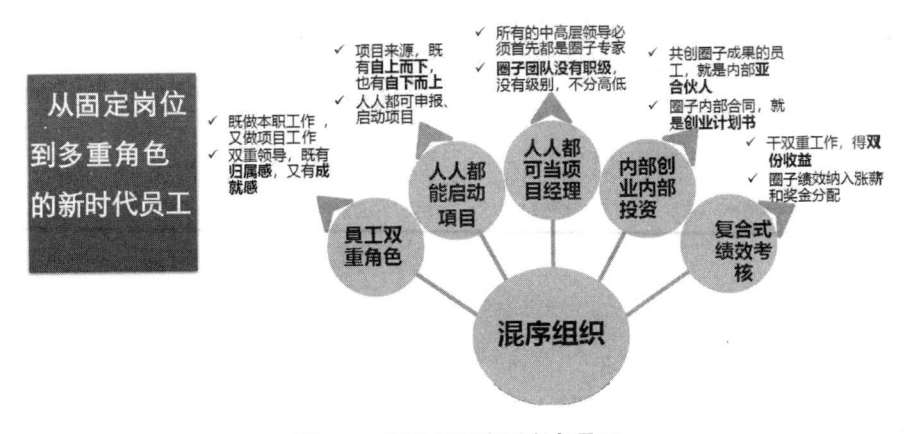

图 2-8 混序组织多重角色员工

1. 员工双重角色

在混序组织"平台+团队"的组织结构中，员工不再是独立的个体，而是形成了人在组织当中的双重角色，既有职能工作的专业角色，也有横向跨部门、跨职能、跨组织的团队角色。

混序组织"团队+平台"的模式，以及人的价值创造，主要解决了四个方面的问题：管理者与人才信任问题、工作时间问题、员工快速成长问题、协同问题。

比如，服务时间的问题，在青色组织中，员工的服务变成了一个个中短期项目。服务的过程就是和公司的契约关系，他要实现自己的想法，达到项目结果的要求，创造价值。所以，在不同的项目之间承担项目经理或成员的角色，就是在公司当中服务的形式。

同时，承担职能工作和项目工作双重角色时，员工会产生一定的压力。所以，青色组织成功的核心就是通过实战让员工成长。项目的压力会产生反向势能，在压力中释放一种突破挑战、激发潜能的势能，我们叫反向势能。从一个简单的小项目到复杂的战略性项目中，这种反向势能螺旋式上升。

双重角色多元能力是指通过项目把员工从固定岗位中拽出来，放开门户，拿掉层级天花板，让员工在项目中通过处理各种问题锻炼出复合能力。

这里要强调两点：

一是"反向势能"，团队里最强大的人并不是看他的块头，而是看脑子，他的适应力是最强的。要创造，要创新，成为创始人，就必须经过适应性训练的压力测试，才能真正扛住现实中创业的压力和变化。比如，谷歌创新的核心，就是把目标提高10倍，让看似不可能完成的任务和目标点燃创意精英的创造力，用不同寻常的方式来完成。

二是"胜任力螺旋",也就是让目前胜任力有差距的员工,去担当项目,让他们在完成项目中的新产品开发、新技术开发和新流程开发的同时也开发自身的胜任力。这种方式奉行的是"只有不断向上跳,才能具备跳上去的能力,而不是等具备了向上跳的能力时才跳"。如图 2-9 所示:

胜任力螺旋

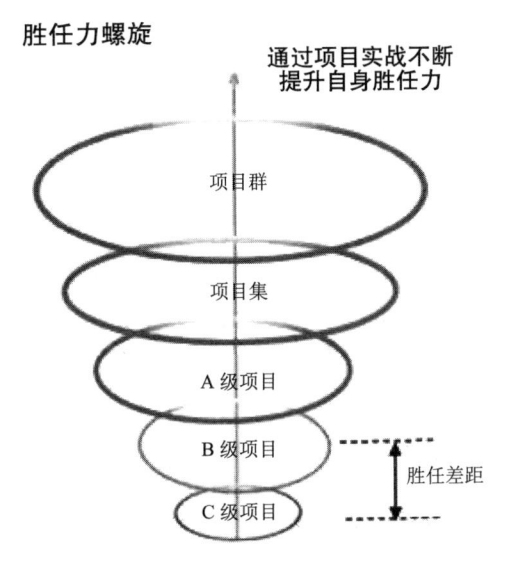

通过项目实战不断提升自身胜任力

- 项目群
- 项目集
- A 级项目
- B 级项目
- C 级项目

胜任差距

图 2-9 胜任力模型

反向势能和胜任力螺旋的本质就是压担子,提高目标。许多创新都来源于压力和挫折,对压力的过度反应会释放多余的能量,从而形成反向势能,并产生巨大的反弹力,把平时正常工作中无法释放的创造力,通过触动、改变,释放出来,让这种能量成就新的创新,这也是员工成为创始人的必由之路。其实,在每个人的成长过程中,我们让自己印象最深、触动最大、收获最多的,往往是本职工作之外承担的重要任务所带来的。

2. 人人都能启动项目

在青色组织中，启动项目，激活人才是指让员工通过项目任务的挑战，去克服阻力，激发活力，实现自我驱动，提升能力。因为在青色组织中，人的自由问题，是影响组织获得持续成功的最重要因素。只有释放每个人与生俱来的思想能力和创新能量，"大众创业，万众创新"才可能实现。

生态型混序组织的内部结构就具备这样的条件，既能保持主营业务按计划开展，又能让一些创造未来的事情在平台上得以孵化和涌现。在这个过程中，员工就开始了由"被雇用者"向"创始人"的转变。如图 2-10 所示：

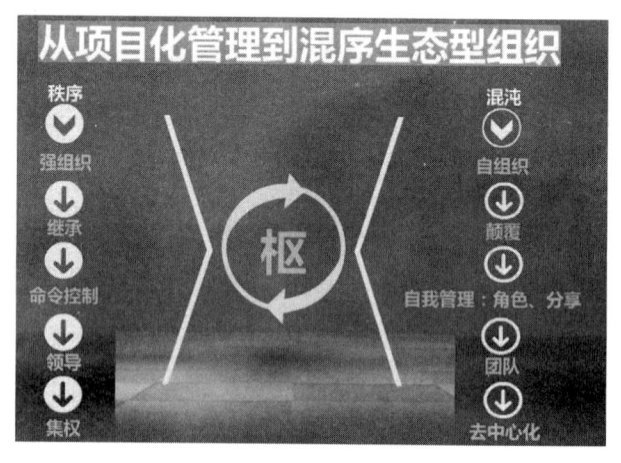

图 2-10　混序组织变革

互联网时代，也是一个创造力革命的时代。

创造者最大的驱动力，来自创造带来的成就感和社会价值认同。自激励是创造者的特征，这和传统的体力劳动者，甚至一般的知识型脑力劳动者有根本的不同，他们最需要的不是激励，而是赋能，也就是提供给自激励创造者更高效的创造环境和工具。

以科层制为特征、以管理为核心职能的公司面临前所未有的挑战，未来的组织，也就是混序青色组织最重要的职能是提高创造力成功的概率，而赋能创造者是达到这一目标的唯一方法。

比如，"人单合一"是张瑞敏提出的一种创新商业模式。人单合一不是传统意义上的组织方式和业务模式，而是顺应互联网时代"零距离""去中心化""去中介化"的时代特征，从企业、员工、用户三个维度进行战略定位、组织变革、资源配置颠覆、动态变革等，成为混序组织"人人都能启动项目"的模式。

"人单合一"中，"人"是指员工；"单"是指用户价值；"合一"是指员工的价值实现与所创造的用户价值合一。"人单合一"的本质在于，每个员工都应直接面对用户，创造用户价值，并在为用户创造价值中实现自己的价值分享。员工不是从属于岗位，而是因用户而存在，有"单"才有"人"。

"人单合一"模式的变革，从薪酬驱动的根本变革，倒逼两个变量——战略模式和组织模式的颠覆，体现在"三化"——企业平台化、员工创客化、用户个性化。

所谓企业平台化，就是企业从传统的科层制组织颠覆为共创共赢的平台；员工创客化，即员工从被动接受指令的执行者颠覆为主动为用户创造价值的创客和动态合伙人；用户个性化，即用户从购买者颠覆为全流程最佳体验的参与者，从顾客转化为交互的用户资源。

海尔的商业模式的颠覆，同时也颠覆了企业、员工、用户之间的关系。在传统模式下，用户听员工的，员工听企业的；在新模式下，企业听员工的，员工听客户的。战略转型与组织重构，带来的是海尔的整个商业模式的重建——从管控到赋能的创新商业模式。

3. 人人都可当项目经理

目标导向的混序青色组织内部，只要与公司利益一致，有清晰的目标导向，人人都可以发起设立创业项目。项目不再是管理层的特权，普通员工也可根据兴趣和公司目标来申报启动项目。

在这种模式下，人人都可以担当项目经理，一旦被批准，就在项目合同中被授予管理项目的相应权限。而项目团队往往是由各种成员组成的，通常是跨界的。在这个过程中，项目经理的各项潜能也将被开发。领导力是导向，创新力是关键，专业能力是保障。

我们来看一个案例：

2011年8月16日，小米发布了第一款手机，而小米成立的时间是2010年4月6日，仅仅用一年零四个月的时间，小米就发布了一款性价比极高的智能手机。事实上，小米能有这么快的速度，离不开超豪华的创业团队——七人联合创始人团队。

小米创始人团队的这七个人，都各有所长，并且他们都是业界精英。他们都是来自谷歌、微软等知名企业的工程师，愿意以较低的工资待遇加入一个刚刚成立的公司，并承受较强的工作压力，这是不少互联网公司基本的工作状态。

其中的缘由，在于他们能够真切地感受到他们自己在创造一个全新的产品，在改变这个世界。人人都可当项目经理，在这种自激励和自驱动的工作氛围中，让小米在短短几年的发展过程中，能够面对巨大的挑战，并且创造了无数奇迹。

4. 内部创业、内部投资

我们常说一个词——事业孵化，其实是一种内部创业、内部投资的模式。也就是通过项目在公司内部孵化出新事业、微创新公司，这样主要的参与者和骨干人员就自然成为公司内部的合伙人（创始人）。

我们来看华为内部创业的案例：

华为业务体现全覆盖"4+1"合作伙伴生态圈——智慧城市、联合解决方案、云上生态、分销合作以及优选合作伙伴（OC），形成多点立体的能力培养系统。而在落地上，华为企业 BG 中国区的布局则是通过华为合作伙伴大学、联合创新中心、OpenLab 等多种方式为合作伙伴开放相应的技术与资源。

随着更多伙伴的加入，以及市场规模的扩充，华为合作伙伴大学也正式成立了，从行业趋势、企业管理、业务运作等多领域深化对合作伙伴的赋能及成长助力。

作为合作伙伴培训、赋能的总接口部门，华为合作伙伴大学致力于对合作伙伴进行分层分级的精准化赋能以及整个生态圈的建设，把打造系统化的售前、售后、财务、商务、供应链等经验能力体系作为发展重点。这对于合作伙伴而言极富战略价值，从某种意义上说，能够在如此专业的平台上实现能力互通可谓是触手可及的"能量加油站"。

实际上，在华为生态圈中，包含着大量针对合作伙伴不同角色的精准支持，让"合作共赢"的理念渗透到每家合作伙伴的业务"基因"中。

华为这种"大平台+小团队"的模式，可以让合伙人根据自身的优势，来承担内部创业的任务。这种内部孵化的公司，既能独立运作，又能在生态圈里互相支持。这样他们的发展就已经没有了天花板，且有着无限的空间，而且与公司成为最为紧密的"共同体"。

5. 复合式绩效考核

KPI 就是关键绩效指标,是指企业管理过程中一种目标化的量化管理方法,是企业绩效管理的关键所在。KPI 就是人们常说的人力资源管理中的绩效考核,考核方法是把员工每个月完成的业务量与工作挂钩。

在现代企业中,KPI 是一种非常普遍的业绩评估方法,它可以让员工明确业绩衡量标准,明确自己的主要责任,在量化的基础上进行考核。但是 KPI 考核也给企业带来了一些负面的问题。比如,有些员工为了完成 KPI 目标,而忽略了产品的质量,最后做出的产品不能达到客户的预期。

青色混序组织的复合式绩效管理,是为了让公司内部的创新创业结果获得公正的评价,让作出贡献的员工获得合理的回报,而这也是让员工转变为创始人的关键保障。

复合式绩效考核不仅具有一般绩效考核的共性,还具有其独特性,这种独特性主要体现在引入了项目绩效考核,创造了一个以目标为导向的里程碑结果评价（Objective-Milestone Indicators,简称 OMI）,所以复合式绩效管理简言之就是 KPI OMI。如图 2-11 所示:

图 2-11 复合式绩效管理

1 号店就是采用的这种方法。为此,他们专门聘请了第三方公司为产品做调研。每一个员工的月酬金都是和用户体验指标挂钩的。如果客户的体验位上升了，那么员工的薪酬也会随之上涨。这样一来，员工服务客户的热情便高涨了，工作的激情也上涨了。

如果用户体验很差，就算整个团队投入再大的精力，也是没有任何回报的。所以，这就要求我们在做产品的时候，一定要全方位地、系统性地进行思考，了解用户需求，由此所做出的产品，才能有利于用户体验值的升涨。

所以，我们要向 1 号店学习打破传统的 KPI 制度，就要用产品思维去做服务，用 1 号店管理员工的思维去做管理。由此看来，只有驱动了整个员工体系的热情，才能驱动整个企业的发展。

从层级到混序，对于组织来说最核心的两大改变——开放和平台，这种混序的项目化组织所带来的全新的思维理念和工作模式，不仅在组织转型变革和企业内部创业中发挥着重要作用，还将在更多的领域突破创新中产生超级价值。

四、混序青色组织的应用

1. 青色组织存在的意义

为什么要做青色组织？这是基于企业的使命。青色组织可以让员工依靠使命进行自主管理，让企业自动化运行，成为百年企业。现代青色组织，决策人直接对接沟通。使命驱动、自主管理，将大大提升工作主动性。

最终让企业自主运行、自动进化，这是青色组织的根本原理。

上一章我们讲过，青色组织具体做了以下内容。如图 2-12 所示：

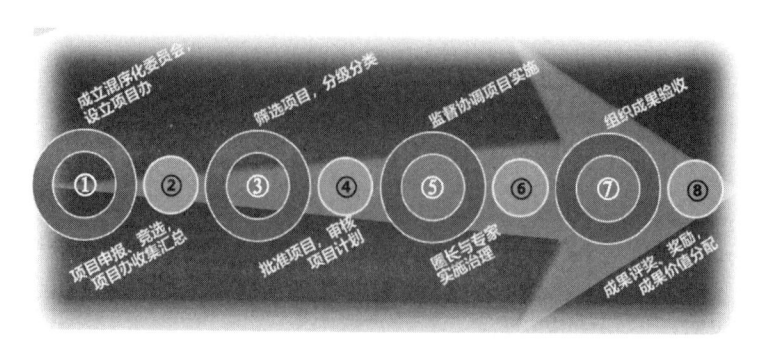

图 2-12 混序组织项目化运作流程

2. 明确角色边界：使命、职责、管辖领域

青色组织管理的一个重要环节，就是一个人的管辖领域必须灵活而明确。他的职责内容必须以使命为中心，确定自己在项目中应该主动承担哪些职责，并且进一步确认自己的管辖领域，以保证与他人之间职责的互补关系，而不是等到问题出现了才进行调整。由于所有人的工作内容都是以使命为中心的，所以即使在工作开展时产生了职责不清晰的问题，也可以很快进行沟通，互相协同，再次修正相互间的职责与管辖领域。如图 2-13 所示：

图 2-13 青色组织的管理

五、混序青色组织协同方法

通过混序青色组织的协同，让团队成员找到工作的意义和价值。你要让员工知道你的目标，也要让员工学会设定目标，大家都在一个频率上，才能上下同欲者胜。

因为混序组织是一个互动的整体，每个成员都是其中互动的一分子，大家就像海鸥一样，随着号令执着而又坚定地奔向同一目标。曾有一位企业家说："我不是只为赚大钱而做企业的，尽管那是我的最初动机。"做企业需要有远大的理想，一个没有远大理想的企业注定不会长久。一个企业不仅要在市场经营中获取利润和收益，更要让企业服务于社会和客户，要有经营一家百年老店的憧憬，要有跻身中国乃至世界 500 强的信念。

做企业，首先要明确使命问题：为什么要搞这个企业？只有船长弄清楚往哪里走、怎样走，船员才能跟着走，朝着既定的目标划桨前行。

1. 导入引导圈子进化的圆桌会议流程

圆桌会议是青色组织实施的一个必要条件，也是青色组织的第二个关键措施：圆桌会议流程。将所有张力在会议上自行解决，是推动组织进化的一个非常好的工具。所谓的张力指的是在工作上所产生的预期与现实发生时落差的现象。例如，小张之前承诺了在今日完成产品计划的设计，却没有做好，此时便有了张力，于是小张在这个项目上的任意一个任务相关人都可以对这件事发起小型的圆桌会议，与小张讨论实际的情况与改善的方法。

圆桌会议对于推动组织的进化，具有巨大的作用。不仅对日常事务的处理，而且对重大事项的讨论都具有巨大的作用。

圆桌会议的形式如图2-14所示：

图 2-14　圆桌会议的形式

作为美国谷歌公司的创始人，谢尔盖和拉里创造出一款搜索引擎并提供其他优质服务的计划其实非常简单：尽可能多地聘请有才华的软件工程师，给他们自由发挥的空间。对于一家诞生于大学实验室的企业而言，这样的做法无可厚非，因为在学校环境中，人才是最为珍贵的资产。谷歌公司践行混序青色组织，多数企业都声称"员工即一切"，但谢尔盖和拉里却在公司运营中践行了这句话。

这种做法并不是为企业拉大旗，也不是出于利他主义。之所以这样做，是因为他们觉得，要让谷歌茁壮发展并实现看似遥不可及的雄心壮志，只能吸引和依靠最为顶尖的工程师。而且，两人认定非工程师不招。时至今日，谷歌的员工（也就是谷歌人）中至少有一半是工程师。

两位创始人对谷歌的管理方式也很简单。在斯坦福大学时，计算机科学实验室的教授不会规定论文和项目的内容，只是给予指导和建议。同样，谢尔盖和拉里也给予员工很大的发挥空间，通过沟通让大家齐心协力向同一个大方向前进。

两位创始人在工作方式上不会多加干预。多年以来，谷歌管理公司资源的首选工具竟然只是一张电子表格，这张表格上列着谷歌最重要的100个项目，以供大家浏览并在半个季度一次的大型圆桌会议上讨论。这种半季度圆桌会议主要用来进行公司近况的沟通、资源分配和头脑风暴。

2. 导入青色的指标体系

青色指标，不是传统科层制管理的 KPI，去掉 KPI 不代表没有指标。**由于青色组织去管理化，指标主要用来反馈所有伙伴的工作成绩，**所以指标的作用不是用来考核的，而是引导员工努力的方向。只有对指标进行日常检视才能让组织发展壮大。如图 2-15 所示：

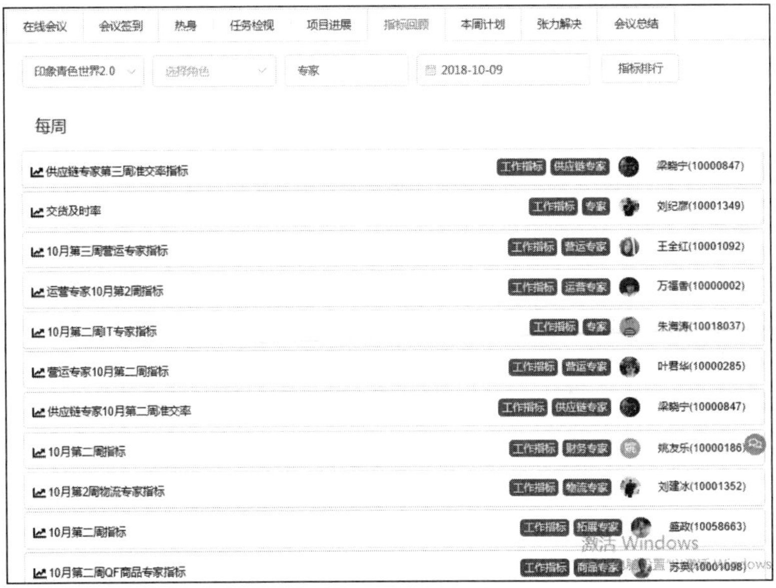

图 2-15 青色的指标体系

轮摆式创新：阶段式赋能组织升级

传统的管控，是 KPI 考核为核心手段，最大的缺点是人们为了迎合考核指标，而丧失了创新。创新有难度，有危险，不敢试错，也没有试错的机会。每一个创意在思维阶段往往就被抹杀了，领导要求下属把本职工作做好，或让其把创意写成像 MBA 教材一样的方案，把所有的要素全部写下来，员工一想，太麻烦了，多一事不如少一事，拉倒吧，反正损失的又不是自己。企业不给员工试错的机会，缺少让员工主动创新的环境和机制，更缺乏对创意人才的发掘和孵化，没有创新的企业又能走多远呢？

再加上，如今是互联网时代，用户和生产者之间的界限被打破。过去的工程师大都闭门造车，而今工程师必须走近用户、贴近用户。就此，小米公司的管理权慢慢地从员工转移到了用户身上。用户体验是考验一切的前提。所以，小米公司基于此，也去除了 KPI 的考核制度，让员工将全部精力都放在用户体验上。做好了用户体验，公司也就能够建立广泛的用户群，能够得到更高的收益。

所以，新员工一进来，小米就要去除他们脑子中的 KPI 思想。

每一次招聘客服主管时，小米高层都会找他们谈话，交换对客服工作的看法。这些人在以前的工作中干得很好，经历过成熟的 KPI 考核制度。但是，在小米，管理人员却让他们忘掉之前的条条框框，不需要记录自己的工单数（管理人员向生产者下发的指令单据），不需要计算接起率（接起电话的概率），更不需要记录接通多少电话等。

正如小米副总裁黎万强所说："在小米，客服也要忘记 KPI。我们只是把 KPI 当作一种辅助的参考，真正重要的是'和客户做朋友'，发自内心地去服务好用户比什么都重要。"

小米给予客服人员充分的信任，并且放权给他们，在回答客户的问题时，客服人员可以不用向主管申请，直接送给客户一些本公司的小礼物。每个人都有自主判断的权力，只要员工认为可以送，那么就可以直接送出。小米的内部系统也只会对此进行简单的记录，而不会深问他们送礼物的理由等。

这就是小米对一线服务人员充分信任的体现。在黎万强看来，越是给予他们信任，给予他们权限，他们做起工作来才会越谨慎。

小米员工的薪酬要比业内同行高出 20% 左右；工作的卡位也要比其他企业大很多，而且有专项的资金，可以根据员工自己的意愿，设计自己的工作卡位；办公椅子价值不菲；半年以上，有良好表现的人，就能够得到小米公司的期权；公司内部还建立了米粒学院，对员工进行专业培训。

小米制定的这些措施，都给予了员工极大的自由，让员工在小米有归属感，让每一个员工都能发自内心地热爱自己的工作。

小米没有 KPI 制度，小米用户的体验满意度就是小米内部的"KPI"。也就是说，在产品 KPI 里，没有人关心你完成了多少任务，只关心用户对你研发产品的满意度，考察你为用户体验作了多少贡献。也就是说，将用户体验之后的反馈当作对员工进行考核的重点。

3. 导入同侪反馈和同侪评估

青色组织的自主管理，并非自由工作。因为任何没有自律的自由，都不是真正的自由，而是自由散漫。所以，去 KPI、去管理化之后，如何评价员工工作的优劣程度？如何让员工发挥最大的价值？这就是青色组织要导入的反馈和评估机制，即相互直接评价。

通过员工之间的互相评比，这导致所有人都会非常在意别人对他的看法：为什么你给我打这么低的分？

如果你的同事给你打分很低，这也可以发起张力（现实和理想之间的距离），然后倾听同事的解释，同事对此进行有针对性的解释说明。

这个反馈形式可以让一个人得到很快的进步，这也是其中真正的目的。

相互之间是否认可的作用非常大，这是青色组织很重要的一招。

同侪协作能力评估

这是一份同侪间对同事工作能力及态度的评估表，你的填写将协助同事更加了解自我评估及同侪评估的差异，并作为未来发展的重要参考。本问卷仅作综合统计，绝不做个别呈现，敬请安心填答。

（1）我目前与这位同事的工作协作，主要发生在以下几个业务中？（请详细说明）

（2）我的同事具有良好的专业能力，因为他/她：

	很差	较低	普通	较高	卓越
有良好的分析判断能力，能引导高效的工作结果产出					
对于所在领域的工作知识，有深刻的理解					
对于所在领域的工作问题，能指导他人解决					
能了解产业变迁与竞争者动态，预测市场趋势与商机					
面对问题时，可以展现专业的态度，承担责任					

（3）我的同事的自信，展现在以下方面：

	很差	较低	普通	较高	卓越
对自己及自己的能力有信心，不担心自己被取代					

	很差	较低	普通	较高	卓越
勇于表达自己的想法和意见，并能坚定地与人沟通					
能果断做决定					
能维持正面积极的态度、行为					
有开放的胸襟，让自己保持进步的心态					

（4）我的同事能做良好的工作协作，因为他/她：

	很差	较低	普通	较高	卓越
一同协作工作事务时，能良好地控制情绪，理解并接纳不同角度的看法					
有能力赢得别人衷心的合作					
尊重他人的长处，并且能与各种不同的人合作					
有弹性、扮演不同角色时，有很好的调适能力					
能用积极正向的态度处理问题与帮助他人					

（5）我的同事有卓越的沟通技巧，因为他/她：

	很差	较低	普通	较高	卓越
对个人、团体或在会议中，能简洁清晰的表达					

	很差	较低	普通	较高	卓越
能透过问问题,厘清彼此的观点					
推销自己想法时充满信心,具有热忱与说服力					
是一位好的聆听者					
能够用良好的态度,接受与自己不同的意见					

(6)我的同事有良好的人际关系,因为他/她:

	很差	较低	普通	较高	卓越
能看到别人的优点,并告诉他					
能真诚以他人的角度了解事情					
即使意见不同也能有效地与他人合作					
对人和善并愿意与人合作					
能真诚地关心他人,被认为是一位热忱、开放又容易亲近、可赢得信任的人					

(7)我的同事有强烈的目标感,因为他/她:

	很差	较低	普通	较高	卓越
能明确目标,继续支持并追踪至产出结果					

	很差	较低	普通	较高	卓越
能启发、激励，并且驱使别人一同完成目标					
对结果以及数据敏感					
有管理者的担当与责任感					
有能力整理并执行工作任务的计划					

（8）我认为我的同事在某些能力及工作表现上，能展现特别卓越与优秀的特质。具体而言，我认为他/她做得特别好的部分有？（请详细说明）

（9）我认为我的同事目前在以下能力及工作表现上，存在进步的空间。具体而言，我认为他/她可以提升的部分有？（请详细说明）

4. 同侪评估贡献系数

去管理化、去 KPI 之后，如何知道员工做得好不好，如何让做得好的员工有更大的回报，由同侪来评估。当然，同侪评估前必须先同侪反馈，如果没有反馈机制，是无法让同侪评估真正发挥作用的。事实上，同侪评估带来的激励作用远远大于 KPI 所带来的激励。

5. 引导管理者转型

去中心化，不需要管理者，那么，管理者如何转型呢？

轮摆式创新：阶段式赋能组织升级

01 成为专家
管理者成为专家，对圈子进行培训、业务支持、战略创新和流程制定，真正推动圈子前进。

02 做角色

03 流出圈子
既不做角色又无法承担专家的职责的伙伴将流出圈子。

图 2-16　引导管理者转型

引导管理者转型：青色组织无管理者，那原来的管理者怎么办呢？

管理者转型之路

- 管理者成为专家，对圈子进行培训、业务支持、战略创新和流程制定，真正推动圈子前进
- 只做角色
- 既做专家又做角色
- 既不做角色又无法承担专家的职责的伙伴将流出圈子

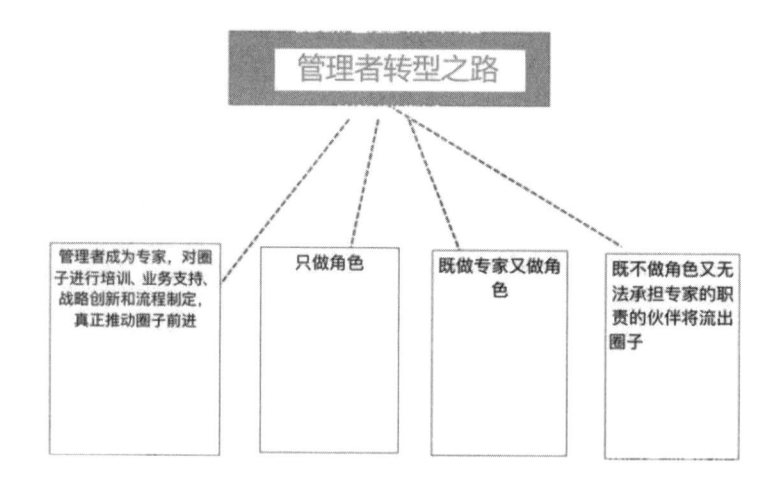

图 2-17　管理者转型的四种解决方案

针对此问题，有四个解决方案：

方案一：让这些管理者成为专家。专家有四大职责：一是职责，但是你必须承担起专家的职责。二是业务支持，即平时给员工做业务支持。三、四是战略创新和流程建设。也就是说，从原来所有需要管理者审批、决定的事情，现在变成只需要做支持。

方案二：做角色自行决策。有些人没法给员工做业务支持、培训

混序组织：定义、溯源与应用 PART 2

和指导，那就做决策。这就意味着专家的价值将会重新评估，工资有可能会下调。

方案三：既做专家，又做决策，这个状态是最好的。

方案四：既不做决策又无法承担专家的职责，那就只能流出圈子。

6. "专家—圈长"配合效果图

混序青色组织内部的协同方法，如图 2-18 所示：

专家（管理者转任）			
尽职 Disciplined	不差	最佳	
不作为 Do Nothing	失控	累	
控制 Control	老模式	矛盾	
	不作为 Do Nothing	尽职 DIsciplined	圈长 （轮值或固定）

图 2-18　专家—圈长配合效果

下面，我们通过一个案例来说明青色混序组织如何满足个体的心理需求。

我们说圈长轮值，意义在于员工摆脱科层管理的控制，可以进行自主管理。但是，作为基层员工，他们只关心两个需求：生存和安全。他们先要吃饱穿暖，解决温饱问题。其他的事情，他们并不关心，如果轮值，反而会坏事。

某服装品牌在广州有 100 多家门店。他们拿出 10 家门店做青色混序试点。在试点中，他们发现这 10 家门店轮值之后的结果和非青色组织门店的业绩没有多少差别。

为什么会这样呢？

我们发现，在轮值中，新的圈长本身就是门店的导购员，她们的能力无法管理好整个门店圈。如图 2-19 所示：

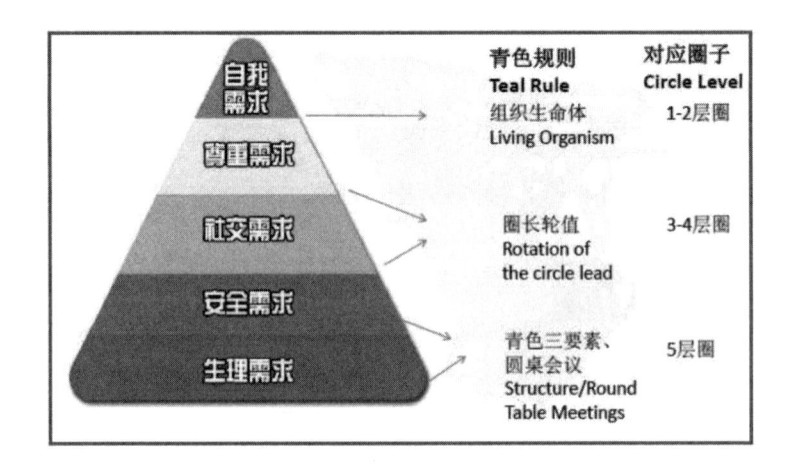

图 2-19　圈子对应青色规则

基于这样的需求，他们进行了调整。

首先，不轮值，只做青色三要素，也就是使命、职责、管辖领域。

其次，每周必开圆桌会议，专门做了纸制卡，很大的一张 A3 纸给导购员来填。这样的做法的成效很快便在业绩上展现了出来。

我们不需要完全按照青色组织的方法来进行工作，最主要的还是要贴近企业内部的真实需要。

六、混序青色组织五大要素是什么

混序青色组织的五大要素是什么？如图 2-20 所示：

图 2-20 混序组织的五大要素

（图中文字：方式转化 将原来职能性的工作转化为圈子；去中心化 将层级型组织转型为混序化组织；混序融化 职能工作圈层化 圈层工作角色化；团队范化 按动态团队方式进行管理；生态进化 创造自组织，自我迭代进化）

1. 方式转化：将原来的智能工作转化为圈子

青色混序组织战略设定有很多要素，其中人才要素和工具要素特别重要。青色混序组织战略制定不是看自己有多少资源，而是要看自己能调动多少资源。

正如阿里巴巴集团学术委员会主席曾鸣教授所言："企业之道，讲到最简单，就两个字'人'和'事'，这是一个动态的匹配。战略也好，管理也好，就是在找动态的平衡。刚开始阿里并不能找到很好的人，但是事情做好了之后，你会吸引更好的人，更好的人来了你能做更大的事情。这本身就是一个螺旋上升的过程。这也是为什么一个企业内部一定会有新旧矛盾。因为你不可能一步人才就到位了，人和事是一个动态的平衡。"

也就是前面我们所讲过的，青色混序组织"胜任力螺旋"。既然人不可能一步到位，那你就要考虑你培养人的机制和速度怎么样，现有的人员如何能让他们发挥更大的价值。

我们前文说过，青色混序组织战略与员工的关系，战略是公司的事情，需要所有员工参与，至少要有参与感和价值感。另外，工具决定了战略，你有大炮和你有导弹，战略制定肯定有着千差万别，如果你的公司都可以使用人工智能，那员工不知道战略很正常，因为你压根没有员工。但如果还有员工，性质就不一样了。

随着移动互联网技术的不断发展，人们的生活越来越离不开互联网。互联网已经成为人们工作和生活不可分割的一部分——工作有钉钉、ERP，生活有淘宝、团购，社交有微信、微博、QQ，学习有网络大学、MOOC等。

这种社交驱动的方式也影响了现代人的交互方式，扁平化、快捷、陌生人关系、跨界、快捷传播等，驱使人们不得不把自己归为某一类圈子。这种改变也使得现代企业的商业模式、运营模式发生了重大改变。在线平台越来越成为企业实现业务转型的重要媒介。这就是青色混序组织第一个方式的转化，将原来智能的工作转化为圈子。

传统企业面临着向互联网时代的转型，企业需要更多的创新型人才。而企业发展速度越快就越缺少优秀人才，由此造成了企业持续发展的人才瓶颈。在人才培养的培训方面，一位在企业中负责培训的朋友说过这样一句顺口溜："培训是说起来重要，做起来次要，忙起来就不要。"这句话正是培训在很多企业中所处位置的真实写照。

那么，既然人才培养的重要性很多企业都明白，为什么企业领导却不重视呢？

科层制组织中，老板不重视，业务领导不支持，实际上这都是表象，背后的真正原因是人才培养的效果。如果你做出了效果，帮助解决了业务问题，带来了业绩，哪个领导会不支持呢？

打个比方，你跟企业领导说："我帮你做事，可以每年赚100万的利润，前提是你给我20万的工资。" 企业领导就会说："你先做100万的业绩，我再给你20万的工资。"

企业领导和员工站的角度是不同的，企业领导是拿结果说话，你能创造多少效益，我就给你相应的回报；而员工考虑更多的是你给我多少钱，我就干多少事情。

所以，在混序青色组织中，要想获得企业领导的重视和业务部门的支持，培训经理必须学会换位思考——只有人才培养给他们带去了价值，得到了认可，你才会获得更大的支持和更多的资源，从而才能进一步扩大人才培养的影响力，并形成良性循环。

当下的移动互联网时代，不仅改变了人们的生活和学习方式，还改变了教育方式。系统化的人才培养和学科培养有具体的培养目标、知识体系，也有培养模式和教育制度的支持，甚至还包括了我们的文化和教师素质。培养的目标制约着我们这个学科教什么、怎么教、采用什么方式来教。

2. 去中心化：将层级组织转化为混序组织

中心化的概念很好理解，在科层制时代，中心就是企业的那个最高点。那么，中心化是怎么来的呢？是与生俱来的吗？是不是企业组织，甚至有人的活动就有中心化？

其实追本溯源，我们发现人类最早的活动是没有中心化的。在人类诞生之初，还处在游牧时代，为了生存必须去劳作，这种劳动是自主自发的，没有村长、没有地主、没有皇帝，也不用交税，每个人都很积极主动，因为不劳动就会饿死，内在的驱动力非常强。

所以，人类诞生之初的组织是以家庭为单位的自组织。

那么，是什么导致了中心化的出现呢？

后来人类进入了农业时代，产生了集体协作，这样就需要一个中心来协调和控制，并且随着人类社会的发展，部落之间为了争夺地盘，人们必须抱团，这样就需要选出一个头领来指挥，从而就出现了中心化。

可见，中心化是随着人类进化自然而然产生的，并不是先知先觉设计的组织结构。

当人类社会进入工业文明时代，机械化大生产、流程、标准化作业，这个过程诞生了"科学管理"的思想，并且在这种思想下诞生的高度控制型的层级组织就是极端中心化组织。

在这样的极端中心化组织中，人们逐渐被自己创造出来的机器、流程和标准化操作所奴役。人类创造机器本来是为人所用的，结果在资本的驱动下这些机器反过来要支配人。

就像我们大家都熟知的，在电影《摩登时代》中，卓别林变成了流水线上的一个流程，人的尊严、创意和情感通通被抹掉，完全变成了一个生物机器。

这种极端的中心化，也就是我们所说的"现代化"组织，其实是违反人性的。这种过程是对人性的束缚和对创造力的压制。但是比较幸运的是，人类文明很快就进入了互联网时代。

后工业时代的"去极端中心化"，应该说是一种崭新的技术革命和管理模式革命，由思维模式的变化，带来了生产模式、商业模式、消费模式、人与人之间的连接模式等方面发生了翻天覆地的改变。

传统的中心化组织，其实质就是权力高度集中，一个人靠权力越近，得到的好处就越多。在这种社会形态下，所诞生的各种传统企业组织就是极端中心化的组织。

于是"没有任何借口"等，成为洗脑名言，像 KPI 成为管控员工的利器。这种"科学管理"强调的是严格的命令控制，强调内部的职能分工，一级管一级，层层汇报，这就是科层制的本质所在。

那么，如何去中心化呢？

互联网思维的出现，混序组织中"人要从以自我为中心中解脱出来"。1968 年迪伊·霍克首次提出"混序"这个概念，混序组织开始为人们所提及。在迪伊·霍克的理想中，人类应该创造一种去中心化、无等级、无权威的组织，来共同实现一个伟大目标，但是传统工业时代并未给他实践的机会。

在当今互联网时代，社会结构发生了根本改变，人与人之间、企业与企业之间的关系越来越靠近混序概念中的去中心化、去层级化、相互平等的超级链接组织，通过自由组合的方式来摆脱传统组织中"命令—执行"这种简单、粗暴的管理模式，是互联网时代的必然趋势，无论是我们所说的开放型组织，还是生态型组织，或者是蜂群式自组织，其内在的组织动力和结构特质就是混序。混序解决了控制与活力、制度与创新、秩序与自由、守成与创造的根本矛盾，是移动互联网时代崭新的发展观和方法论。

马化腾在 2014 年给合作伙伴的一封信里，谈到微信为什么会成功时，提出了一个组织创新的概念，叫作"创建生物型组织，让企业组织自我进化"。这种思考与混序的项目化组织有着异曲同工之妙。

无独有偶，阿里巴巴高管也退出"不想建立一个帝国，而是要创造一个生态。阿里要长命，必须做生态。帝国是统治，生态里才是混序"。"未来阿里可能没有公司存在，只有组织存在，所有业务都通过一个网格化的方法，用'自组织'的方式朝一个共同目标努力，而不是由上而下的指令。最理想的状态，是这个组织没有 CEO，就算有 CEO 也能最大限度地降低 CEO 的压力。"所以在阿里巴巴的实践中，在将公司拆分成 30 个产业群后，没有谁跟谁汇报，每个群里还会涌现出无数小公司，这就是阿里强调的"生态"。

在这个群的边上还会有生态相关型的无数个小公司冒出来。有了这一片森林，就会长出很多大树，就会引来很多动物，还会诞生一些崭新的物种，甚至会出现一些叫不出名的植物和动物，这就形成了一个生态系统。通过去中心化削弱管理和控制，通过开放和连接亲近独立和自由，这是混序组织的精髓，也是未来组织的雏形。

一些全球知名企业，主营业务收入源自平台商业模式，其中包括谷歌、微软、苹果、思科、时代华纳、日本电报电话公司、UPS、沃达丰等著名公司。在中国，诸如百度、腾讯、淘宝、人人网、上证交易所、盛大游戏等公司，同样也透过平台商业模式获利并持续扩大市场版图。

当然，还有传统企业转型建立开放平台盈利的典型代表——海尔。海尔公司是一家知名的制造业企业，当年海尔首席执行官张瑞敏挥动大锤砸冰箱的故事，不知道激励了多少年轻的创业者。然而，互联网时代，他们的商业模式在创新：海尔打造了自己的创客平台。

对于众多家电企业而言，不要以为"变身互联网企业"，就能真正拥抱互联网，要知道在互联网时代实现转型升级，只是一件"刚刚开始"的事情。然而，早在2005年9月，海尔首席执行官张瑞敏就提出面向互联网时代转型，推出"人单合一"的双赢模式。

互联网时代零距离、去中心化、分布式的特征颠覆了传统经济的发展模式，新模式的基础和运行集中体现在网络化上。市场和企业更多地呈现出网络化的特征。在互联网崛起之初，海尔集团成长为业内唯一的千亿元级企业，且能保持着稳健的发展态势。

张瑞敏说："面对日趋个性化的用户需求，海尔集团开启了模式创新之路，在创业文化的驱动下将实现人人创客，并搭建开放的创业驱动平台，开放吸引全球创客资源进入生态圈体系。"

海尔创客实验室是开放、共享的创客交互平台。它秉承着"相信一切创新力量"的价值观，促进新生代创客的连接互动，并聚合产业力量，让创新生态体系中的创客、企业、众创空间、创投机构、供应链及全网营销渠道等资源数据在平台上开放式分享与对接，全方位支持创新创业，帮助新生代创客将创意变为现实。

要立足于互联网时代，企业必须转变为平台，以开放包容的姿态吸引全球一流的资源。张瑞敏表示，当前海尔聚焦的目标是两个平台的创建：

第一个平台就是投资驱动平台。

海尔是如何真正完成从家电制造商向创客孵化平台商的转变，搭建投资驱动平台的呢？海尔将企业从管控组织颠覆为生生不息的创业生态圈。海尔互联网模式创新国际研讨会会聚了平台主、小微主、创客、专家学者，以及模块化供应商、一流研发资源、投资者等各个利益攸关方。这些人员恰好构成了海尔的创业生态圈，他们相互并联成为创业小微，以适应互联网时代带来的零距离、去中心化、分布式的挑战。

在投资驱动平台和创业生态圈的共同作用下，海尔集团在过去10年实现了营收从1000亿元到2000亿元的增长。2014年，海尔提出"企业平台化、员工创客化、用户个性化"的愿景。企业平台化就是企业从原来封闭的组织变成开放的生态圈，可以整合全球的资源来完成目标，从而演变为一个可以自循环的开放生态圈；员工创客化就是让员工从原来被动的执行者变成主动的创业者；用户个性化就是在移动互联网时代，用户已经成为一个中心，他们可以成为发布者，将购物体验在全球直播，所以企业必须以用户为中心；用户个性化其实就是满足每个用户的个性化需求。

美国宾夕法尼亚大学沃顿商学院教授马歇尔·梅耶认为，海尔搭建创业生态圈的管理创新体系是非常有创新力的，超越了传统的管理理论。

第二个平台是用户付薪平台，创客薪酬由用户说了算。

这就要求创客不仅要找到自己的用户，还要通过交互去创造持续引爆的路径。张瑞敏认为，从企业付薪到用户付薪，这种文化的变革是为了适应互联网带来的用户个性化需求的挑战。如果创客不能在这条路上走好，要么进行改进，要么就被优化。

可以预见，随着海尔从产品制造商到创客孵化平台商的持续转型，不仅可以为企业带来营收规模的增长，更重要的是可以踏上全球互联网时代发展的节拍，并成为这个时代的领军企业。

海尔公司近年来一直在开展"人单合一"，将8万多人分为2000个自主经营体，让员工成为真正的"创业者"，在海尔的大平台上自己寻找创业机会，同时配合内部的风投机制，或者员工自己到社会上组织力量，成立小微公司，就是要发挥每个人的创造力，让每个人成为自己的CEO。

内部平台化，对组织要求就是要变成自组织而不是他组织。他组织永远听命于别人，自组织是自己来创新。

混序青色组织对传统金字塔组织最大的颠覆，就是打破结构和秩序。但这并不是说混序青色组织完全不要结构和秩序，而是从井然有序到混序，从追求稳固和固化到追求相对稳定和动态平衡，从相对单一的形态到多样化的形态。

混序青色组织一定会呈现出多种形态，比如平台化、网络化、矩阵状、蜂巢化、多维化或者多种形态共存于一个组织内。所以，混序青色组织是在相对稳定的平台上流动的一切个体要素，是基于价值自组织、自融合，随需而变，随情境而变，不断调整，不断实现动态平衡的过程。

3. 混序融化：职能工作圈层化，圈层工作角色化

随着互联网的发展，圈层逐步成为人们表达的主要特征，通过圈层，人们将自己与社会相连。比如，有的人热爱摄影、影视或具体的

运动项目，其既能通过这个圈层认识更多志同道合的朋友，还可以主动参加相对应的社会组织和活动，并对社会产生积极的效应。

"圈层"是对特定社会群体的概括。从"物以类聚，人以群分"的角度来说，圈层就是某一类具有相似的经济条件、生活形态、艺术品位的人，在互相联系中形成的一个小圈子。很多人喜欢运动，于是跳广场舞就成了大妈们的时尚标签，一、二线城市的大妈在跳，三、四线城市的大妈也在跳。

在这里，我们要讨论的是，圈层的出现，对企业的混序组织会产生怎样的影响？

不知从什么时候开始，当我们打开微信朋友圈时，满屏都是卖面膜、服装、保健品等产品的信息，这种利用熟人的相互信任进行营销的模式引起了一时的轰动，同时也产生了很多成功的营销案例。

在微信这个熟人经济圈子，人们是相互熟知、彼此关联的。微信用户一旦对某个人卖假货，就会被踢出圈子，这种得不偿失的做法，聪明的人是不会做的。

微信作为移动商业的平台，信息传播非常迅速，它将无数的购物体验从商场、网店转移到了彼此信任的微信朋友圈。随着社群时代的到来，这一点会愈演愈烈，而朋友圈的熟人经济，就是依靠彼此的信任才达成交易的。

这里讲的微信，只是移动商业平台的一小部分，随着移动互联网的出现以及社群模式的崛起，企业可搭载的移动平台会越来越多。

无论是什么平台，其实都是一个圈层的概念。青色混序企业要做的就是将圈层无限放大。将职能工作圈层化，圈层工作角色化。各种产品可以跨部落生产和营销，允许圈层成员与企业共同制定圈层中的游戏规则，使圈层成员参与进去，逐渐形成一个强大的移动商业网。

总之，在先进移动互联网手段的作用下，人们进入了以价值观和信任为基础构造的新圈层时代，未来的经济是圈层经济，圈层模式也将推动移动商业的高速发展。

在这个不同于工业化时代的圈层商业时代，移动互联网使企业找到了通过流量直接与消费者接触和交流的机会以及最有效的便捷方式。只要抓住用户的痛点，便可迅速聚集一群追随者，形成各种各样的圈层，这种通过圈层来进行营销的商业模式渐渐成为主流。

圈层模式具备很大的优势，它是一种去中心化的自组织形态，通过社交工具聚合的关系链，形成圈层组织中的主导者，以"失控"的模式打造品牌传播力，与圈层成员一起分享观点，引起彼此之间的共鸣，通过移动圈层模式构建起商业模式。

"流量+圈层"思维，才能玩转互联网新时代的粉丝经济。

圈层成员是基于共同兴趣、爱好等社交属性而聚集在一起的。对企业来讲，想要让社群成员成为忠实的粉丝，需要有足够的闪光点、吸引力、人格魅力，甚至是噱头，这样才能迅速聚集追随者。简单地说，就是让所有圈层成员成为粉丝才更有可能成为客户。

为什么这么说呢？因为粉丝情绪是一种情感纽带的维系，而粉丝的消费行为也是基于对品牌的感情基础的。当粉丝喜欢或认可了某一款产品，他们往往过于感性，对产品的一切都很期待。如图2-21所示：

实体社群营销线上线下万能营销模型

门店内 —吸粉入群→ 实体客户社群 —服务反馈→ 门店内

图 2-21　混序融合：圈层营销模式

通过圈层营销，厂家和品牌迎来新的机遇。比如，以化妆品品牌"娇兰佳人"为代表的化妆品专营店在市场的积极扩张。这些线下集合店具有很强的本土特色，它们通过体验、服务、品类的提升来满足消费者新的需求，而资生堂、联合利华、强生等国内外大公司也都在积极加码该渠道，以期抓住消费升级时代"大妈"这个重要的消费人群。

4. 团队范化：按动态团队方式进行管理

在移动互联网时代，传统科层制的职能式团队管理模型已不能满足现代团队发展的要求。青色混序组织的团队管理需要纳入企业的战略之中，用战略的眼光去规划、建设、发展企业团队，做出团队管理的战略性决策，才能更好地发挥混序组织的巨大作用。

战略性的青色组织管理是进行团队动态管理的开始，较好地对团队进行战略规划是团队动态管理的基础。团队动态管理模型如图 2-23 所示：

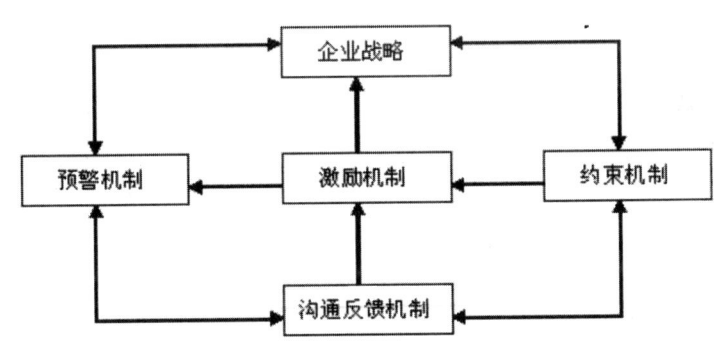

图 2-22　团队动态管理模型

（1）混序青色组织：激励机制

混序青色组织的团队管理最重要的是吸引、留住人才，使之创造效益。这就需要混序组织建立一套动态的、系统的团队激励机制。一套完整的团队激励机制不仅可以留住、吸引优秀人才,还可以调动团队的积极性,释放更大的能量。完整的动态激励机制包括三个方面:

第一,薪酬激励。薪酬是混序青色组织充分激励员工提高绩效的一种手段。薪酬激励的关键在于建立团队薪酬战略体系。综合团队绩效和个人绩效,按不同团队类型制定不同薪酬体系,从薪酬内容、结构、支付方式等方面满足团队的多层次、多形态的需求,从而达到激励目的。

第二,开发、培训、晋升激励机制。这是指对团队进行深层次、广范围的开发,给予团队提供各种培训以及为团队设计多种不同的晋升渠道,这些都是较好的激励机制。不断开发组织的新能力,满足组织对自身能力提高的要求,以及对晋升的渴望,从而极大地调动团队的积极性。为此,混序青色组织采取岗位晋升与技术晋升等多渠道的晋升制度。

第三,混序青色组织的文化激励。混序青色组织的文化激励,是培养团队自豪感、责任感的重要因素。混序青色组织如何形成企业向心力,离不开营造团队发展的环境来激励团队。

(2)约束机制

混序青色组织要留住优秀的人才,单靠激励恐怕难以成功,还应该有一个对组织的约束机制。这包括成本、法律、道德三方面。

第一,成本约束。混序青色组织通过提高团队离职的成本或离职风险来约束团队。如运用期权或长期薪酬来激励员工,员工在跳槽时势必丧失这些激励因素,抬高了离职门槛。

第二,法律约束。混序青色组织通过与团队签订雇佣合同或其他法律形式来约束员工,团队离职必然受到法律的约束。

第三,道德约束。混序青色组织通过培养团队对组织的忠诚来实现。如果团队跳槽从某种程度上讲团队会有点依依不舍,甚至觉得心理上过意不去，有一点儿道德负罪感，从而组织利用提高团队离职的道德成本来约束团队，实现留住优秀团队的目的。

（3）反馈机制

混序青色组织进行动态管理的关键，是要有一个动态的、双方沟通的机制。这个沟通反馈机制包括组织与团队、团队与团队、团队内部之间动态的双方沟通。如图 2-23 所示：

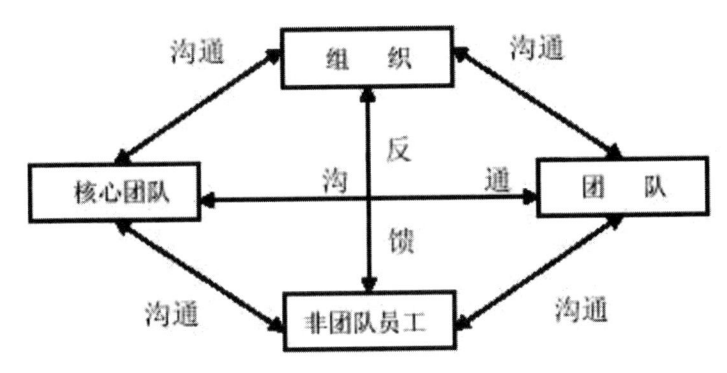

图 2-23　团队动态管理沟通反馈机制

当企业出现团队流失预警时，就运用团队管理沟通反馈机制，着重与企业的三种团队进行沟通、评估。

第一，稳定团队。对于没有离职意向的团队，通过沟通，稳定混序青色组织内部的团队，使其安心工作，不受企业有离职倾向团队的影响。

第二，有离职倾向的团队。与其进行沟通，尽最大能力留住这样的团队，消除其离职意向，并沟通、评估、了解引起他们离职的原因，进行总结，以便修改团队管理决策。

第三，已离职的团队。与已离职的团队进行沟通是否存在必要呢？答案一定是肯定的。因为通过沟通，能获得客观、公平的信息。离职的团队在外面工作一段时间之后，可站在局外对"老雇主"有清楚、不带偏见的认识，所以企业应把离职的团队作为自己的外部智囊，与其保持联系，而不是看成敌人，更应鼓励其"回槽"。

团队管理机制的各部分是紧密相连的，从企业战略考虑，团队管理是动态管理的基础，沟通反馈机制应贯穿于整个管理模型的各个部分、各个阶段。团队管理动态模型最主要的是发挥激励与约束机制，吸引、留住企业优秀的团队，只有这样才能从根本上解决企业的人才危机。

同时，再好的管理模式，也离不开执行的落地。所以混序青色组织在进行动态管理时，不应该只停留在形式和制度上，而在于更好的贯彻和落实，这样才能创造更好的效益。

根据我多年从事企业组织发展的工作的体会，企业人才培养常面临的困境主要有以下几个方面：

首先，没有明确的人才培养方向。没有明确的能力提升方向，人才培养需求不明确，不清楚究竟需要重点培养哪一类型的人才，而要想以最有效的方式达到人才培养的目的，首先要准确定位需求是什么。企业不清晰自己的人才培养需求，主要原因有以下三个方面：

第一，不清楚应该把员工培养成什么样子，也就是不知道企业需要员工具备哪些能力。

第二，不清楚员工目前的能力状况，也就是不清楚员工的能力与企业对员工能力要求的差距。

第三，不知道员工哪些能力已经达到企业的要求，哪些才是迫切需要加强的能力短板。

其次，缺乏一致性的标准和流程。既不能对内部人员进行合理区分，又无法与业内水平进行有效对标，由此导致不论是竞聘上岗、岗位轮换还是人才梯队建设，都缺乏有效的人才评价和选拔依据。

人才培养过度依靠个别管理者的主观判断和方法——很多国内企

业对人才的评判标准和选拔流程不够清晰和透明，造成这些公司对人才评价的主观性：老板说你是人才，你就是人才；说你不是，你就不是！

人才在公司能否脱颖而出，过于依靠上级管理者的主观判断和喜好，容易造成结党和"拍马屁"的企业文化，选出来的人才也不一定是最能干的人。

除了公司缺乏统一的人才选拔标准和流程外，人才培养的体系也欠缺，人才培养的方法也因个别上级管理者而异。假如幸运的话，遇上一位非常重视人才和负责的上级，员工便得到快速发展。相反，员工就要靠自己了。

再次，人才培养的方式方法不足。很多企业将人才培养等同于课堂培训。

我曾参加过一些人力资源论坛，听到邀请来的企业嘉宾在介绍他们的人才培养计划时，最常见的内容是公司每年提供给员工多少天的培训课程，开发了多少门课程，投入了多少培训预算，或者送了多少管理者到什么学校读 EMBA 等。在他们的心目中，人才培养主要是靠课程培训。

但实际上人才培养的方式方法非常丰富，主要包括 OFF-JT（脱岗培训）、ON-JT（在岗实践）、SD（自我发展）三大类。培养员工，主要有三种方式：其一，叫"OFF-JT"，也就是离开岗位到教室里培训，比如企业内训等；其二是"ON-JT"，也就是在职辅导，在工作岗位中手把手教导；其三是"SD"，也就是自学，自我发展，比如自己看书等。

按照学习效果的 7—2—1 法则，只有 20%~30% 的学习是通过课堂和自学实现的，更多的是靠"做中学"，将所学知识应用于实践，才能真正掌握。

复次，与人才管理的整体协调性不够。人才培养是一个系统工程，不能单独起作用，需要与企业人才战略的其他措施相互协同，如晋升、绩效、薪酬等，建立联动机制。

前几年兴起的企业大学建设风潮，很多企业大学为了凸显在公司中的地位，更好地对接公司战略，发起了脱离"HR 部门"的运动，希望与人力资源部平起平坐，直接向公司高管甚至一把手汇报。

我个人认为，这无可厚非，企业大学隶属于人力资源部也好，作为独立部门也好，要想发挥自己的价值，提高自己的地位，关键是要把握两个要点：

一是企业大学要扮演企业战略转型和变革助推器的角色，更好地去推动变革思想的宣导和落地，解决发展和转型过程中遇到的问题，不能只是简单地作为课程贩子和实施培训的机构。否则，这样的企业大学，只是原来的培训部门换块牌子而已，不能真正与企业战略衔接。

二是人才培养一定要与人力资源管理的选拔、绩效、晋升和激励等功能结合起来，才能起到效果。通过对内部员工从绩效和潜力两个维度的盘点，选拔高潜能人才进入后备人才库、评估每个后备人才的优劣势、制订和实施有针对性的培养方案，并对比培养对象前后所发生的变化，对表现优异者加以重用和激励，对表现一般者继续留在人才库加以培养，而对于退步者，则请他们暂时退出人才库，从而实现后备人才库的动态管理，激发人才自我主动学习成长的动力。

通过以上方法，才能真正解决人才培养不能与战略挂钩，无法促进员工学习积极性的问题。

最后，培养效果难以转化和衡量。 早在 20 世纪 80 年代，鲍尔温（Baldwin）和福德（Ford）就通过对培训的广泛研究得出以下结论：美国工业界每年花费在培训上的费用超过 1 亿美金，而其中只有 10%在实际工作中起到了作用。之后，有更多的研究都相继发现，大多数培训无法迁移到实际工作中去。

期望的培训绩效和实际的培训绩效之间存在很大的差异，这往往是被人们忽视的。即使受训者在培训过程中表现得非常好,但是在受训者回到工作岗位后,如果缺乏必要的支持和实践机会,培训的绩效也会迅速下降,受训者很快就会退回到培训前长期以来形成和适应的工作行为和习惯,达不到培训的目的。

如果一不小心,培训后员工绩效确实有所提升,那随之而来的另外一个问题就是培训的效果往往是间接的,难以直接有效衡量评估,业绩的增长受到多种因素的影响。比如员工个人的努力程度、市场经济环境、产品定位策略、竞争对手影响等,很难说清培训的贡献到底有多少。

在这种情况下,企业培训的低效让企业管理者很是失望,培训工作者因此也承受着巨大的压力。培训到底该不该继续投入?培训能解决什么问题?培训的效果该如何衡量?这些问题一直在困扰着企业管理者和培训工作者们。

企业人才战略的规划,需要明确企业需要哪些方面的人才,需要什么层次的人才。接下来,我们要进一步明确企业需要的人才应该具备什么能力(能力标准)、有哪些行为特征(行为标准)的人才。发展员工能力的第一步是要找对人才。找对人,企业和人才皆大欢喜。人才如鱼得水,施展才华,企业可以确保战略实施。而找错人,不但事倍功半,还会延误商机,甚至给企业带来致命的危害。

虽然大家都认为人才重要,但是往往每个人对人才的评判标准不一致。如图 2-24 所示。

我们来看网络上流行的这幅图:你错了吗?没有!我错了吗?也没有。

谁是对的?

图 2-24 "6"还是"9"

他们都没有错,只是看问题的角度不同而已!每个人都有自己的价值观和看问题的角度,对待同一件事情,不同的人判断的结果可能会出现差异。所以,统一标准非常重要,避免从不同角度判断产生结果的差异。

案例:麦当劳的成功秘诀——团队范化管理

我们看一个例子:麦当劳为什么能成为世界路标?其品牌为何能如此深入人心?

因为在全世界任何一个地方的麦当劳,都可以享受到一致的食品、服务与用餐环境,而且价格基本全球统一。

麦当劳成功的经验值得我国所有企业学习和借鉴。

麦当劳的创始人罗·克洛克说:"连锁店只有标准统一,而且持之以恒地坚持标准才能保证成功。"麦当劳从一家为过路司机提供餐饮的快餐店,迅速发展成为全球快餐业的龙头老大,其成功的最大关键就是数十年如一日的标准化管理。

标准化的管理:麦当劳制定了品质、服务、环境等几乎所有的标准;

标准的合作：经过严格的特许经营后，由特许经营者全面管理餐厅的经营，原料本地采购，工作人员也本地化；

标准化的培训：麦当劳开设了汉堡包大学，为特许经营管理者、管理者和管理助理提供标准化、全面化的培训；

标准化的作业：统一服务规范，把为顾客提供周到、便捷的服务放在首位，规范的作业方式，制定统一的菜单服务项目；

标准化的环境：每个餐厅都有良好的消费环境、优质的服务、卫生的食品，确定各个分店提供的食品口味一致。

通过麦当劳的例子，我们可以知道麦当劳的成功秘诀就是统一标准。QSVC，按照这样的要求选拔和培养人才。

5. 生态进化：创造自组织，自我迭代进化

传统管理理论，一般都会强调一个人的管理半径不超过 7 个人。也就是说，向他直接汇报的员工不应该超过 7 个人。但是，在谷歌，直接汇报的人常常有二十几个，甚至三四十个，为什么会有这样反传统的安排呢？

其实，这种安排背后的逻辑就是组织的生态进化。

在混序青色组织内部，领导者提供知识上的支持，提供各种资源，来帮助自己的下属取得更好的业绩。领导者的目的不是为了管控，所以领导者完全不管管理半径这样的情况存在。

当谷歌理解了背后组织原则的不同，他们后来就有意让一个人有更多的汇报线，打破他们管理的半径，逼着他们适应一种全新的运营模式，这就是谷歌的"自组织"运营模式。

如何理解"自组织"这个全新的概念呢？

一般来说，组织是指系统内的有序结构或这种有序结构的形成过

程。德国理论物理学家 H. Haken 认为，从组织的进化形式来看，可以把它分为两类：他组织和自组织。

如果一个系统靠外部指令而形成组织，就是他组织；如果不存在外部指令，系统按照相互默契的某种规则，各尽其责而又协调地自动地形成有序结构，就是自组织。

自组织在人类社会中普遍存在。例如，人类社会比动物界自组织能力强，人类社会比动物界的功能要高级多了。如图 2-25 所示：

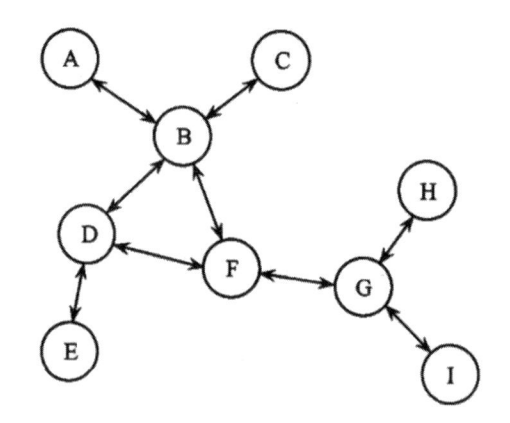

图 2-25 "自组织"概念图

企业组织内部也存在他组织与自组织的问题。

首先，科层制管理中的激励，偏向于事情结束之后的利益分享，而混序组织强调激起创造者的兴趣与动力，给他适当的挑战。

只有员工喜欢的，发自内心的兴趣才能激发持续的创造力，而不是命令他们。因此，"自组织"的职能，不再是分配任务和监工，而是发挥员工专长、兴趣，并和客户的需求更好地匹配。这往往需要员工更多的自主性、流动性，和更灵活的组织。与其说我们雇用了员工，不如说员工使用了组织的公共服务，两者发生了根本的颠覆。

其次,"自组织"的激励更需要依赖文化。只有企业文化,才能让志同道合的人走在一起。创造者再也不用传统的方法去激励和考核,而公司文化氛围本身就是一种激励。

本质上,他们都是自驱动、自组织的,对企业文化非常认同。为了享受适合自己的企业文化,这些创造者愿意付出、拥护和共同创造。一个和他们的价值观、使命感相吻合的企业文化,才能让他们慕名而来聚集在一起,奋发进取,并将组织的核心功能演变成价值观和文化氛围。

最后,"自组织"强调组织本身的设计,人与人的互动,而科层组织激励聚焦在个人。

随着互联网技术的发展,组织内部人与人之间关系更加紧密。因此,组织内部人与人之间的互动机制设计,对于组织的有效性远远大于对于个体的激励机制。

比如,全球知名的谷歌的免费服务,不仅提高了员工的生产力,还增加了他们互动的可能性,提高了他们共创的可能性。比如,谷歌员工到餐厅等待的时间控制在 4 分钟内,这个时间可以让人简单的寒暄和交流;大于 4 分钟,大家可能就会拿出手机做自己的事情了。

创造的本质在于难以规划,只有提供给员工他们各自独立时无法得到的资源和环境,最重要的是他们之间的相互充分互动,更多思路碰撞的机会,才能创造出更大的价值。

比如,谷歌每周的员工大会,都可以公开透明地沟通公司所有在运营的项目,员工具有很高的自主权,可以跨部门调动资源。所以,促进协调机制,是未来组织创新的重要领域。

以上就是混序青色组织的五大要素:方式转化、去中心化、混序融化、团队范化和生态进化。

七、已混序和正在转型中的企业

企业变革为什么要进行项目化管理，怎么进行项目化管理？以项目为中心的混序管理，如何通过对项目集中的管理使战略落地？企业如何建立项目化管理体系？

下面，我们通过案例来分析这些问题。

1. 华为：建设"以项目为中心的组织"

2015 年，华为战略目的之一是建设"以项目为中心的组织"，如图 2-26 所示：

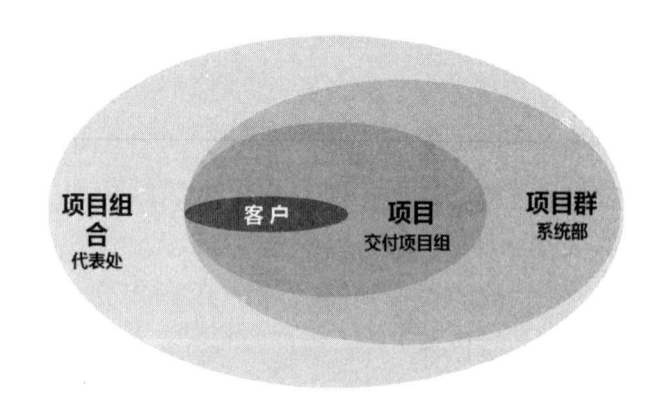

图 2-26 以项目为中心的组织

- 决策重心下移，让项目成为驱动公司增长的发动机。
- 管理者和职能部门为一线项目团队服务。
- 打造"以客户为中心、以奋斗者为本"的混序组织。

什么是以项目为中心？

（1）以项目为中心转变的目的是在公司建立一个组织级的项目管理体系

华为把公司未来的管理体系比喻为眼镜蛇：头部可以灵活转动，一旦发现觅食或进攻对象，整个身体的行动十分敏捷，可以前后左右甚至垂直蹿起发起攻击，而发达的骨骼系统则环环相扣，转动灵活，确保在发起进攻时能为头部提供强大的支撑。

眼镜蛇的头部就像华为业务前端的项目经营，而其灵活运转、为捕捉机会提供支撑的骨骼系统，则正如华为的管理支撑体系，这就是公司未来管理体系的基本架构。

以项目为中心不仅仅是业务前端项目形式的运作，而且包括为项目提供全面支持的管理支撑系统，是一个拉通业务前端和后端的完整架构，涉及人、流程、知识和战略等很多方面，也就是业界所称的组织级的项目管理体系。

华为提出的以项目为中心就是指组织级的项目管理，通过成熟的组织级项目管理方法、流程和最佳实践，充分发挥代表处的灵活性、主动性，使代表处的经营活动标准化、流程化，使经营管理向可预测、可管理和可自我约束的方向发展，从而提升运营效率和盈利能力。

（2）以项目为中心包含项目组合、项目群和项目三个层次

以项目为中心的项目不仅是指一个个的具体项目，而是包含组合、项目群和项目三个层次的完整的项目管理体系。代表处、系统部和项目组应该分别对项目组合、项目群和项目负责。当然一些小的代表处，层级可能没有这么清晰，但这种分层的管理方法依然是适用的。

（3）组织运作要从功能为主、项目为辅的弱矩阵向项目为主、功能为辅的强矩阵转变

如何更具体地描述以项目为中心呢？用图 2-27 的模型，从项目经理授权、项目预算管理权力、资源可获得性、项目经理角色和项目管理人员（"八大员"）角色等五个方面来对我们的组织进行衡量，如图 2-27 所示：

组织结构 项目特点	功能化	矩阵化			项目化
		弱矩阵	平衡矩阵	强矩阵	
项目经理授权	很少/无	少	少到中等	中等到高	高到完全
资源可获得性	很低/无	低	低到中等	中等到高	高到完全
谁管理预算？	功能经理	功能经理	混合	项目经理	项目经理
项目经理角色	兼职	兼职	全职	全职	全职
项目管理人员角色	兼职	兼职	兼职	全职	全职

图 2-27　以项目为中心的模型

按照这个模型，华为目前属于弱矩阵结构，即功能部门发挥主导作用，项目型组织只是起辅助作用。

那么，如何实现以项目为中心呢？

向以项目为中心转变是一个渐进的过程，华为要用 3~5 年的时间，将公司转变为项目为主、功能为辅的强矩阵结构。在这个过程中，华为既要做好具体项目的管理和相应的配套机制的建设，还要重视向以项目为中心转变对代表处经营管理带来的影响，对预算机制进行改革，以适应以项目为中心运作的要求。

同时，华为建设以项目为中心的组织，对于项目经理来说也提出了挑战。

首先，一代项目经理的标志：多样化的角色、工具和方法。项目经理在驱动业务变革的同时，业务变革反过来对项目领导能力也提出了新的要求，项目经理要适应未来多样化角色的需要，适应不同的环境、工具和项目管理方法带来的挑战。

其次，方法很重要，结果更重要。成功的项目经理既要能熟练运营项目管理的方法（标准、流程等），也要能交付满意的结果（质量、成本、满意度、绩效等）。

最后，客户的需求在变化，项目的需求在变化，公司的管理要求也在变化，作为向以项目为中心转变过程中最关键的角色，项目经理要能够适应这种变化，为公司创造价值。

总之，项目经理的发展在华为将进入黄金时代，在提升他们自身能力的同时，促进公司长期有效的增长！

2. 亚宝：建立快速创新小团队组织

亚宝集团的混序制变革：建立快速创新的小团队组织，实现产品快速研发及上市，如图2-28所示：

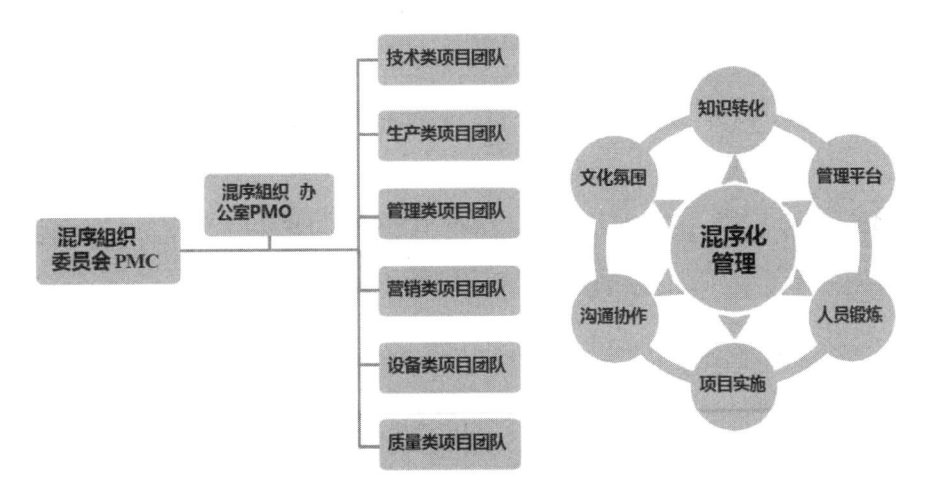

图 2-28　亚宝混序组织结构

（1）项目化组织结构的搭建

项目化组织结构和企业的正常职能结构并不冲突，它是一个虚拟结构，是以项目为中心的组织结构，和正常职能形成双层结构，从而达到有效的互补、有机融合。

它有利于组织中那些临时性、有明确目标、预算和进度的复杂任务在这个结构中得以更快、更好地实现；有利于解决传统组织结构中工作靠上层拉动（火车头模式）的低效率问题，从而转向以每个项目为作战单元的推动模式（动车模式）。

亚宝公司在 2013 年推行了项目化管理。董事长亲自挂帅，成立了项目化管理委员会（PMC）。建立了项目管理制度、流程和激励机制。PMC 主要负责项目制度、重大项目的决策审批等。PMC 下设项目化管理办公室（PMO）和专家小组。PMO 主要负责项目制度的起草，组织协调项目的过程管理、变更管理、项目绩效、项目验收鉴定等工作，便于项目经理人才梯队的建设。

亚宝公司将 PMO 设置在人力资源部，PMC 下同时设立 6 个专家小组（生产、管理、质量、技术等）。专家小组在 PMO 的统一协调组织下负责项目的专业技术、风险、财务等审核评价、项目结项的验收鉴定等。

（2）项目的运营落地

亚宝将项目的运营落地称为"四书+一经（一总结）"。"四书"是指项目立项申请书、项目计划书、项目经理任命书、项目验收鉴定书。这四书的内容基本覆盖了每个项目管理和运营的全过程。从项目立项开始到计划的三层分解、项目的预算管理、进度管理、干系人、项目变更、质量管理、风险管理……

"一经"（一总结）是指项目结项后项目经理及成员需分享项目实施的经验与不足，充分挖掘创新的潜在动能。好的经验会在《亚宝通讯》上发表或作为企业的内训资料，促进企业隐性知识到显性知识的转化。

(3)项目化管理在推动企业创新中的作用

近些年,随着人们对健康需求的提升,中国加入 ICH、医药产业的国际化步伐迅速迈进。产业环境正在发生巨大的变化,企业只有主动变革,不断创新方能适应时代潮流。企业实施项目化管理助推企业转型、创新升级也许会成为有力的抓手。亚宝实施项目化管理有 5 个年头了,并在实施项目化管理过程中产生了巨大的改变。

组织绩效和创新能力得到整体提升:亚宝实施项目管理以来每年都有几十个项目结项。从精益生产、节能降耗、标准升级、精准营销、信息化平台建设、供应链优化、技术创新、新药研发各个方面全面开花。连续几年被工信部认定为"中国医药工业百强企业"和"中国医药企业研发 20 强"。项目化管理每年为公司节约成本都在千万以上,助推企业成为两化融合的杰出代表。企业通过做项目取得各种发明专利 30 余项。

人才梯队建设得到满足:企业每年通过项目培养一大批优秀项目经理、管理—技术复合型人才,项目经理的领导力得到很大提升。公司近两年提拔、晋升的职能部门经理,子公司总经理 90%都主导和参与过公司重大项目落地,而且年龄都在 30~45 岁之间。

企业创新型文化的形成:传统企业因职能部门职责的划分,各职能部门往往会形成铁路警察各管一段的本位思想,这给组织发展带来一定的约束。项目化管理以项目为中心,以项目制度作为支撑,项目成员的贡献指数都能因项目进度、质量得到很快的体现。项目成员的荣誉感、成就感、自信心得到很大的满足。员工聊闲事、拉家常少了,谈项目的时间多了,促进了企业的健康运营。整个团队都主动找项目、立项目、做项目,使企业形成了积极向上的创新文化氛围。

沟通协调能力得到提升:传统职能管理模式会在部门之间形成一道无形的职能墙,影响沟通协作。对于跨部门工作往往需要企业高层领导甚至董事长的协调。实施项目化管理后，项目经理都能聚焦项目，调动跨部门资源使项目很好的落地。大量解放了企业高层领导的时间，让高层领导有时间做更有意义的事情。

项目化管理对企业创新氛围的形成、团队创新能力的提升是一种很好的工具。药品研发是个系统工程，涉及企业的方方面面，更涉及各种社会资源的有效利用，项目管理对提升研发效率能起到很好的作用。

3. 复星：实施人才和产品创新战略

复星医药集团的混序化变革：通过 HR 和 R&D 两大项目集，实施人才战略和新产品创新创业战略。

这里要强调的是，"进化"是复星内部组织使用的一个关键词。复星整个组织都在不断进化，并且在进化之中，始终围绕整个业务发展和战略变化不断地调整组织架构和对人的要求。

复星组织混序化结构，如图 2-29 所示：

```
                    复星医药集团混序化
                           |
          ┌────────────────┴────────────────┐
          │                                 │
     人力资源项目集                       研发项目集

  1. 集团人才战略规划项目            1. FZ—1401中药开发项目
  2. 集团人力资源管控项目            2. L—Ser产业化项目
  3. 人才培养与继任者计划项目        3. FC1401产品开发项目
  4. 人力资源政策创新项目            4. YDS研发项目
  5. 绩效考核与晋升                  5. P0307研发项目
  6. 领导力提升项目                  6. KL01研发项目
  7. 专业人才培养项目                7. XY—002研发项目
  8. 岗位评价标准化项目              8. WFG产品开发项目
  9. 增加培训满意度项目              9. WB产品一致性研究项目
  10. 提升招聘效率项目               10. A产品Ⅱ期临床实验项目
```

图 2-29　复星混序组织

"我们的组织结构，就是去中心化，互相之间可以不断地围绕项目去组合，而不是围绕一个领域自上而下构成的那种很硬的矩阵。随时可以组成团队来做事情，这是我们对组织的一个要求。"复星集团副总裁、首席人力资源官及保险集团总裁康岚认为。

当然，要支撑起一个混序组织，一定需要一个灵活的架构。而且，任何一个组织应该保持这样一个灵活性。

复星 GREP 人力资源组织结构，如图 2-30 所示：

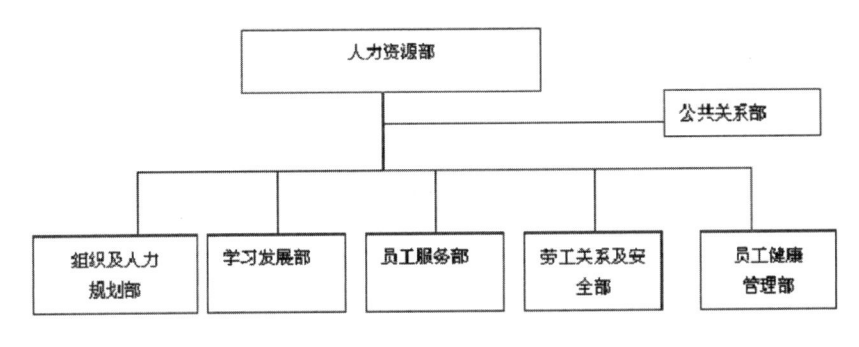

图 2-30 复星人力资源组织结构

复星对于人才要求有三个维度——深度、高度和广度。

首先是深度，复星的投资涉及各行各业。看似很杂，但实际上我们在每一个行业都钻得很深，在每个行业里都有具备行业专业背景的人来做投资，不仅是投资前的全方位评估，还包括投资后与董事会一起规划公司战略和人才布局。

其次是高度，是指行业创新和领先。我们要走在行业发展趋势的最前端。比如说复星做保险，我们专注的就是"保险+科技"或者说"保险+创新"，我们近期还和中国保险行业协会一起举办了第一届全球互联网保险创新论坛。

最后是广度。一方面是地域上的广度，比如全球化；另一方面是跨行业的广度。我们旗下的不同公司也是一个协同共享的平台，相互之间能够找到一些共性，跨界之间可以相互学习，彼此启发。

康岚认为，复星看重和鼓励"企业家精神"，其内部会从三个标准诠释和鼓励企业家精神。

那么，人力资源如何发挥影响力呢？

（1）管理阶层共同制定与执行人力资源政策

HR政策与组织目标紧密连接；制定策略者即实施政策者，要对政策负责。以上的人力资源参与和制定策略的过程如图2-31所示：

```
企业经营战略及     →   管理阶层会议   →   HR政策及   →   各部门管理阶层的
经营目标                                  方针             HR目标
        ⇔ HR部门参与制定政策并协助企业达成组织目标 ⇔
```

图2-31 HR政策与组织目标

（2）人力资源绩效评估具体化

HR管理者强调，评估经过HR实施与服务所能展现的品质与效率非常重要。

管理人员对与人力相关的绩效负责，采用平衡计分卡的方法。肯定组织中人力资源的价值，认同并给予HR部门确切的角色，以管理公司的人力资源。

（3）HR Head的领导风格

HR也需要包装，领导者心中需要有一个VIEW，要主动提升自己的层次，由于HR部门对于公司来说并不是一个赚钱的部门，无法创造利润，HR更要有危机意识，并且要主动发挥影响力，而非被动地等待机会。

很多人认为，人力资源部门是一个 Common Sense 进入门坎很低。但是 Common Sense 要把它经营的很专业，是一门学问，也是一项很大的挑战。

（4）HR 部门的定位

HR Head 直接报告给总经理，和其他一级主管的地位平行，并一起参与公司的营运会议及拟定营运方针。

人力资源专员是公司的战略伙伴，并由下而上，从基层员工到公司总经理一层一层去发挥影响。HR 的各项活动和计划要直接与公司的目标和策略相联系，HR 部门才能发挥功用，HR 不是支持的角色，而是有主导公司战略的视野与雄心。这种想法不仅要 HR 的管理者才有，而是整个 HR 部门的人都要有。

4．方太：打造全面混序组织

方太集团的混序化变革：通过营销、职能、研发和供应链项目集群打造全面混序组织，如图 2-32 所示：

图 2-32　方太集团混序组织

方太总部基地是方太集团产业集群重点打造的项目，该项目位于新区滨海新城板块东南部，占地面积 450 亩，规划建筑面约 56 万平方米，项目总投资达 30 亿元。

方太总部基地将按照百年园区和百年总部的要求规划建设，在总体设计规划上沿袭企业文化特色，融合"向心内聚""天人合一"等大量儒家文化元素。项目建成后将成为集总部管理、技术研究、产品开发、电子商务、展示展览、文化教育、文化交流和后勤保障等功能于一体的综合性集团总部园区。

同时，项目还规划建设方太大学，为方太人才培养提供切实保障。目前正在建设的方太总部基地一期工程包括 4 栋研发综合楼、2 栋宿舍楼及地下车库，已于 2019 年建成投入使用。作为方太未来的形象总部、文化总部、智慧总部和绿色总部，这里将真正为方太人打造一个具有恒久价值的方太家园。

5. 天士力：实现内部创新，提升管理效能

天士力 2000 年启动混序组织，平均每年运行管理约 150 个项目，战略行动、重点任务、关键技术、组织转型、创新产品及新兴业务孵化。产品种类从 1 种到 200 余种，获得发明专利 1153 件，如图 2-33 所示：

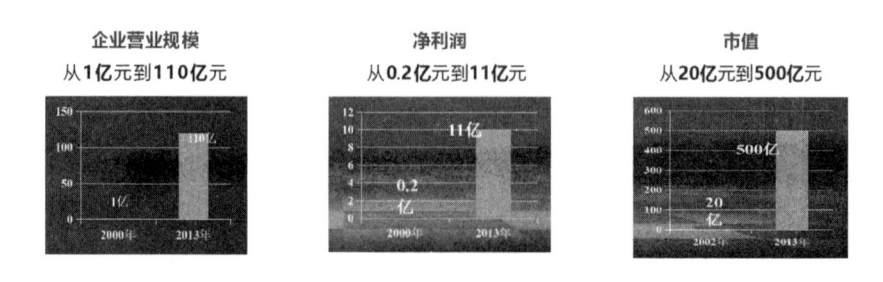

图 2-33　天士力业绩情况

改变一：通过项目实现内部创新，全面提升管理效能

混序组织启动后，把每一张海外订单转化为单独项目，每个订单

的生产周期从45天缩短至平均10天，准时交货率从85%提高到100%。

B级项目641个，C级项目893个，包括精益生产项目、节能降耗项目、技术创新项目、标准升级项目、整合营销项目、信息化平台项目、产业链和供应链优化项目。

各类项目的成功，每年为公司创造2000万以上的价值，成功地使企业奠定了现代中药第一品牌的行业地位。

通过项目实现内部创新、全面提升管理效能。

改变二：项目实战批量培养内部创新创业人才

项目化为公司培养了一大批优秀的项目经理和技术—管理复合型人才。

获得表彰的优秀项目经理为256人，优秀项目团队人数为2160人，获得内部项目经理认证的为186人。

国际项目管理协会（IPMA）认证的A级项目管理专家1人，B级6人，C级205人。

培养领导型人才76人，创新型人才264人，复合型技术人才266人。

向子公司输出中高级人才112人。

改变三：用项目孵化创新业务，实现内部创业

采用混序组织的方式进行内部创业，开拓新型药用包衣材料新业务，通过项目把新兴业务快速执行落地，并迅速形成产业化，成为新的利润增长点。

目前，新兴业务销售每年增长50%，利润每年增长100%，成为公司的支柱产品。

改变四：彻底改变员工的精神面貌和工作态度，从要我干到我要干

每年员工自发提案1000余份，自发申请项目50~100个，通过节能降耗、流程优化、精益管理，为公司创造2000万元的价值。

员工敬业度提升70%，核心人才流失率降低100%；员工对公司的满意度提升 80%，中层管理者平均年龄下降 3 岁，高层管理者平均年龄下降 5 岁。

技术部张鹏说："我可以申请项目，你也可以申请项目，谁都可以申请项目；你可以做项目经理，我也可以做项目经理，大家都可以做项目经理。我感觉在这样的组织里只有协作和尊重而没有上下级之分。我工作 5 年，先后担任了 6 个项目的项目经理，参与了 20 余个项目，这些项目让我对工作充满了激情，每战胜一项挑战比给我加工资还高兴，这 5 年可以说是我人生成长最快、收获最多的 5 年。"

6. 美捷步：自组织、自管理特点的合弄制

美国作家布莱恩·罗宾逊认为，当下已经有越来越多的人意识到传统金字塔组织的弊端，同时，也有很多人提出很多优化组织结构的方法、理念，"合弄制"就是其中一种。"合弄制"可以提高组织对市场的高度敏感，对组织变革的决策，快速适应和积极响应，扩大利益相关者导向，可以有效克服不确定性带来的巨大破坏，可以有效团结员工，或者有效引入新的经营方法，形成真正的有效沟通。

合弄制的要素，如图 2-34 所示：

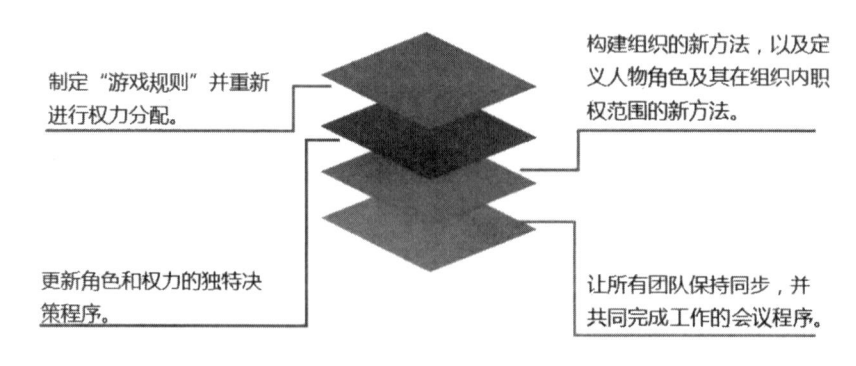

图 2-34 合弄制的四大要素

合弄制，是一种用于组织管理和运营的全新方法，可以通过一组核心规则来定义，而这些核心规则跟传统企业是完全不一样的。

美捷步创始人谢家华是一位美籍华人，天生有着创业基因，经历也相当传奇：25岁被微软以2.65亿美元收购第一家公司后，再度创办的美捷步又于2012年被亚马逊以12亿美元收购。

得益于这份传奇创业经历，当2013年谢家华宣布在美捷步不遗余力推广合弄制时，让其成为一个超越公司内部的热门话题。

合弄制（Holacracy）对众多企业在VUCA（易变性、不确定性、复杂性、模糊性）时代面临传统科层制失去管理灵活性困惑有很强的针对性。合弄制最大的亮点在于通过"角色"而非等级职位来激活员工的创造力，令其在组织结构上与传统科层制的金字塔结构有很大不同，更像一个俄罗斯套娃。

合弄制中最小的一级是"角色"，即员工个人能力所发挥的功用，一个创造力强的员工，可能有很多角色；角色之上是相当于团队的"子圈"，不同角色在子圈中进行协作，有着不同角色的员工，可在不同的子圈间同时协作；子圈之上是"圈子"，代表自组织单元，不同圈子间通过战术会议与治理会议实现协同；最上面的一层则是"根圈"，相当于高管团队或董事会，把握企业的整体大方向。

可以看出，具有自组织、自管理特点的合弄制，具备以下三项优势：

第一，释放人才创造力。合弄制将管理职责分散到正式的契约与流程之中，将客户需求更加细化，用于满足客户需求的团队也更加多样，创新能力更强。

第二，团队的自主能力更强。由于取消了很多层级，如何分配角色、设定角色的边界，全凭圈子自主决定，灵活性更高。

第三，领导权动态变化。圈子自主权限更强，那么每个圈子中的话语权便可以依据角色的重要性动态变化，常常一名员工，在 A 圈子中占据主导地位，在 B 圈子中又转换为配角地位，避免了"官大一级压死人"现象。

得益于以上三项优势，合弄制打破了传统科层制组织的部门樊篱，让组织更新具有很强的灵活性，显现出自进化的效果。在传统的组织形式中，员工只有被动听命的岗位职责而无自主权，导致员工在行事过程中往往倾向于掩饰问题而非解决问题，只有问题积压到一定程度，才会催生出来自上级的改革动力，产生非常多的不必要损耗。"无领导管理"的合弄制，则让每一个角色掌握了自主权，尊重每一个角色的判断力，没有来自上级的施压，实现"积小胜为大胜"。

PART 3

轮摆式创新：从科层制到青色混序制

工业时代的特征在于，信息自上而下，于是依靠信息垄断形成了等级分明的科层组织结构和管理方式，一切都井然有序，一切都可以预期。然而，在当下的移动"互联网+"时代，信息垄断被完全打破，"失控"将成为常态，一切都变得不确定，迫切地需要一种适应当前时代的组织结构和管理方式。

传统工业时代的中央集权体系、线性控制科层制都不再需要，它们将让位于互联网上的去中心化、社会协同分工、分布式决策。"互联网+"时代的组织架构是自由联合体，"互联网+"时代的未来组织是蜂群组织。

一、混序：在中心化和去中心化之间保持平衡

企业治理分为两种形式——科层制和混序组织。其中混序组织的典型代表就是"小团队，大平台"模式。科层制与平台系统相比，有哪些区别和优缺点呢？为什么现代组织会从科层制到系统平台转变？

1. 科层制与平台系统比较

先说科层制，它的治理通过等级权威、集权控制等正式制度使无序变得有序，科层制成为应对市场不确定性的效率产物。在不同市场环境下，科层制大致经历了直线制、职能制、直线—职能制、事业部制、矩阵制等结构形式，深陷"效率与创新""集权与分权"等矛盾之中。

那么，与之相对应的平台是什么呢？它是一系列可共享的资产集合，包括事物资产和人才、知识、关系网等非实体形式，如表3-1所示：

表 3-1 科层制与平台对比

形式 特征	科层 Hierarchy	平台生态系统 Platform-based Ecosystem
治理基础	产权	基础区块共享
秩序类型	设计结果	主导设计和自组织
治理机制	程序/威权	操作系统/数据智能
治理内容	以程序设置和威权来协调组织间运行	以界面规则融入操作系统平台，依托生态数据互联互通促进组织间智能协同

资料来源：本文基于王节祥等（2018）的发展。

在现实情况下，平台一般应用于以下这三种情境中：产品平台、技术平台、交易平台。

产品平台是最早出现的应用场景，是一家或几家企业所开发的产品、服务或技术成为一种平台，作为其他企业构建互补产品、互补服务和互补技术的基础。

技术平台一般用于获取竞争优势，例如微软通过 windows 操作平台系统吸引软件设计商打造软件生态系统，英特尔凭借领先的芯片技术成为 PC、打印机、扫描机等产品不可或缺的核心部件。

交易平台通过网络外部形成两方或多方协调产品、服务、企业、机构交易的中介。例如微信、支付宝、淘宝、银联等。

平台型组织具有两大优势——网络效应和演化能力。所谓网络效应是指一个平台所能吸引的资源越多，消费者的需求就越能得到满足，呈现螺旋上升的正向循环趋势。

另外，平台由核心成分、可变成分、互动成分组成，在不确定性高的环境下能够更快速地实现资源的重新配置，使企业内部资源与广泛的外部资源实现灵活对接，优胜劣汰，择优发展，具有强大的演化能力。

在当今"互联网+"时代背景下，平台型组织的优势得以发挥更大的效用，众多企业也纷纷开展了平台型组织转型的探索，如图 3-1 所示。

现实生活中有很多平台模式的例子，比如淘宝网、京东、苏宁易购这些购物平台，还有去哪儿网、携程等旅游网络平台。所谓互联网平台模式，就是在当前的"互联网+"时代背景下，构建多主体共享的商业生态系统，并且产生网络效应，以实现多主体共赢的一种战略。

```
科层制组织
    ↓
平台型组织
```

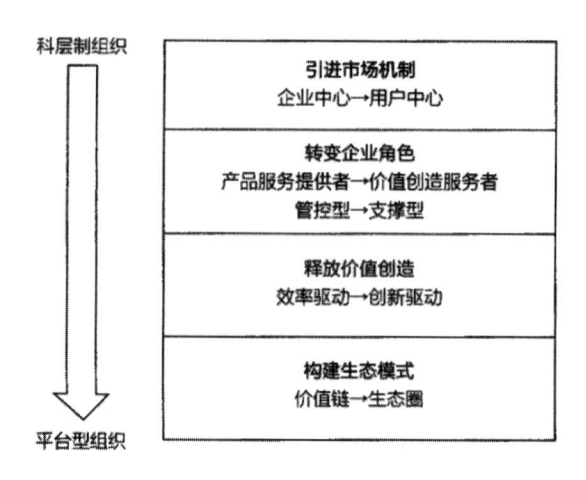

| 引进市场机制 |
| 企业中心→用户中心 |
| 转变企业角色 |
| 产品服务提供者→价值创造服务者 |
| 管控型→支撑型 |
| 释放价值创造 |
| 效率驱动→创新驱动 |
| 构建生态模式 |
| 价值链→生态圈 |

图 3-1 平台型组织转型

平台的存在是广泛的，它们在现代经济系统中具有越来越大的重要性，成为引领新经济时代的重要经济体。平台的消费关系具体表现为：平台上卖方越多，对买方的吸引力越大；同样，卖方在考虑是否使用这个平台的时候，平台上买方越多，对卖方的吸引力也越大。比如，我们所熟知的阿里巴巴旗下购物平台——天猫。每年的天猫"双十一"购物声势浩大，日销售额超千亿元，创造了销售奇迹。

对于企业来说，什么样的商业模式才是好模式呢？首先要让平台自己活起来，曾经大街上有卖生态球的，一个球里面养着水草和鱼，球是完全密封的，只要把球放在阳光底下鱼和水草就都可以生存，水草通过光合作用为鱼提供氧气，鱼通过呼吸作用为水草提供二氧化碳，得以达到一个平衡。如果把生态球放到阴暗处呢？在不长时间后，草死鱼亡水臭。

而当下，把生态球比成混序青色组织的平台经济模式，把球里的水比作平台，这个生态圈的阳光是互联网，水草比作商家，鱼比作消费者，商家和消费者各取所需，这就是一个很完美的混序组织生态圈。

平台的经济功能实质上就是提供或实体或虚拟的交易环境，从而降低消费市场中各方寻找交易伙伴的成本。

再以苹果公司为例，来说明一下平台模式。苹果平台存在着三种类型的角色：作为中介平台的苹果公司；终端顾客主要包括 iPod 用户、iMac 用户、iPhone 用户及 iPad 用户；以及各种内容提供商，主要包括数字媒体（音频和视频）提供商、手机和电脑应用软件开发商以及为数不多的广告商。苹果公司为终端顾客提供电子设备和部分软件的过程，就是其创造价值的过程。

同时，苹果公司还为软件开发商和广告商提供各种形式的服务，这也是一种创造价值的过程。大量数字媒体和通讯电子设备的应用软件，通过苹果这一平台向终端顾客传输的过程，就是苹果完成媒体供应商、软件开发商与终端顾客之间价值传递的过程。

苹果公司对来自终端顾客的货币支付与媒体供应商、软件开发商之间按照一定比例进行分成（如与软件开发商就顾客的付费下载以 3∶7 的比例进行分成）的过程，这就是价值分配的过程，同时也是价值实现的过程。

由此可以看出，平台模式本质上是一种商业模式，但是与传统企业的商业模式存在着较大差异，具有自身的特殊性。

在传统的商业模式下，企业为顾客提供产品或服务，顾客为获取产品、服务而支付货币。这种价值逻辑表现为：企业←→顾客，这种企业为顾客提供的产品和服务，企业将产品和服务提供给顾客的过程也就是价值传递的过程，顾客的货币支付转化为企业的价值实现。显然，这是一种简单的自上而下的线性价值逻辑。

而平台模式的价值逻辑则要复杂得多。

首先，平台模式下价值逻辑的主体至少包含平台企业、内容供应商和终端顾客三类性质不同的角色：内容供应商为终端顾客提供产品、服务，而平台企业则是为促成内容供应商与终端顾客之间的交易而提供服务。

其次，这些角色之间的关系也非常复杂。内容供应商与终端顾客之间是买卖关系，但通常几者之间不能直接进行交易，因而需要借助平台企业才能提高交易的效率和范围。

同时，对于平台企业而言，平台两边的内容供应商和终端顾客是两类性质不同的顾客，且这两类顾客之间存在交叉网络的效应，任何一边的强大都会导致另一边的膨胀，而任何一边的缺失都会导致平台的瘫痪。三者之间构成了一个相对独立的闭环系统。

在平台模式下，价值传递却成了平台模式的关键与核心。苹果iPod播放器之所以能一举打败当时市场老大的先锋，根本原因并不在于苹果播放器具有独特外形与高贵音质，而在于苹果搭建了一个有效地把数字音乐传递给音乐爱好者的iTune平台，大大提高了价值传递的效率。

互联网的平台思维就是开放、共享、共赢的思维。平台模式的精髓，在于打造一个多主体共赢互利的生态圈。将来的平台之争，一定是生态圈之间的竞争，单一的平台是不具备系统性竞争力的。比如，百度、阿里、腾讯三大互联网巨头围绕搜索、电商、社交各自构筑了强大的产业生态。

可以说，高效的价值传递功能，是平台模式崛起的关键所在。在当今网络社会中，谁能把产品、服务更加有效地传递给顾客，谁就最终能在市场竞争中掌握控制权。

2. 混合控制：去中心化与科层制的平衡

去中心化有用，但全去掉不行；层级管理很老旧，但全没有不行。怎么理解呢？如图3-2所示：

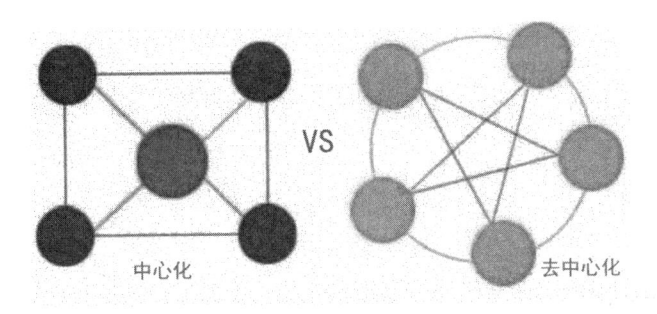

图 3-2 中心化与去中心化对比

2002年,谷歌推行扁平化组织实验:取消工程师管理者职位,以消除级别障碍,提升员工创造力。实验刚开始,拉里和佩奇就后悔了:一大批员工跑来汇报芝麻绿豆的琐事,从项目开支到个人矛盾,搞得是一地鸡毛。

这个大胆的"无管理"实验旋即失败。后来依然设立数量尽可能少的组织层级:5000位经理、1000位主管及100位副总裁,每位工程师经理手下有30名直接下属。

凯文·凯利(KevinKelly)《失控》一书中的去中心化在业界掀起波澜。但是,他在最新的访谈中修正了他的观点:

失控虽是事物起始的最佳模式,但无法仅依靠去中心化的失控模式获得完美的工作结果,最终人们希望添加领导力和控制的元素——所以我调整原先的说法,作新的补充说明,我把它称为"混合控制(co-control)"。

二、企业趋势:未来工作=超级个体+生态平台

不得不承认,这是一个充满不确定的时代,这是一个被互联网技

术（广泛应用）重新改造的世界，这是一个以高质量发展为新诉求的更加开放的时代，这是一个由千禧一代主导消费的年代。

在这些大的要素持续变革下，新的商业模式、新的商业文明、新的组织模式，已经悄然形成。我们既要看到其影响的深远（必然性），也必须明白这些已经正在发生（紧迫性），所有人都置身其中。在错综复杂的新生态下，科技的进步不仅没能帮助决策者掌握更多的有效信息，反而使一个人准确掌握全局的条件不复存在，如图3-3所示：

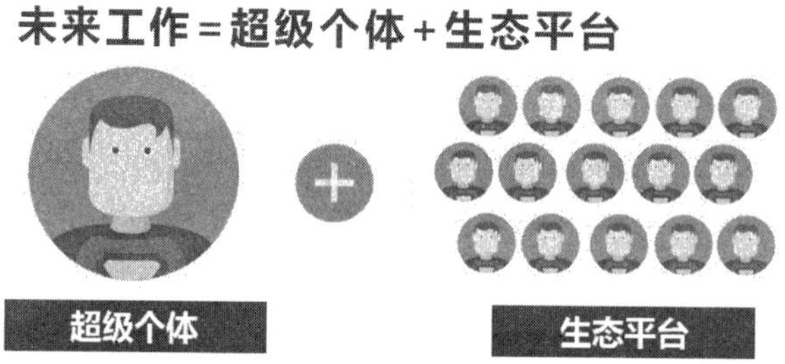

未来工作 = 超级个体 + 生态平台

图3-3 未来工作形态

作为领导，要把决策、行动的权力赋予了解情况的一线人员，也就是赋能。要做到这一点，就必须对现有的管理体制、文化进行改造，需要从"英雄式领导"改为赋能给下属，信任其能够根据情况第一时间处理问题。作为新生代员工，已经成为企业的主力，他们的流动性特别大，而且往往他们的心情主宰着工作成效。

1. 超级个体：个体觉醒，使命驱动

在混序青色组织中，自我精进的个体能创造完美协作共赢的场域，从而打造繁荣进化组织。

（1）从个人变现到自我实现

在混序进化组织里，非常强调个人使命和价值。组织中的个体是

自我实现者，拥有自主人格的人，他们自己决定自己，自己为自己负责。自我实现者往往思考：什么样的生活才值得过？

他们不断寻求重新定义自我的社会身份，以彰显个体的价值。自我实现，离不开多个体之间的共享与协作。

（2）从自我满足到自我精进

在青色进化组织中，自我精进是指不断突破自己的舒适区，提升应对复杂世界的能力。自我精进不是自我隔绝，不是自我封闭。恰恰相反，而是协作沟通。

真正的超级个体，是觉醒和使命驱动的个人。

- 个体崛起，个体价值的定义与提升促使未来的工作模式将从有边界的组织到在不同平台上共享的个体价值。
- 90后、00后的新生代工作者，他们对于未来工作拥有更加开放互联的期待！
- 替代利益驱动的工作者大量涌现。

随着互联网、大数据、人工智能的发展，人类未来大部分工作都可能被机器人所替代，但是唯一不能被替代的就是人的创造力。因此，管理者的智能就是如何赋能，激活超级个体，并激活组织的创造力。

有专家指出，管理未来最大的问题，就是如何赋能并激活人的创造力。管理者要做到赋能，并激活员工和组织，首先必须转变以传统管控为主的管理方式，因为在当今时代，管控已经过时，现在管理者不仅要给员工一个岗位，而且必须给他一个平台和机会，让他能够真正创造价值。

从激活超级个体到激活组织，要和谐小家，贡献大家。让员工心里有安全感，让用户有信任感，让我们在社会中有尊严，在党和政府面前可信赖，这就是一个很好的体现。

这里说的让员工有安全感，就是员工跟你三年五年、十年八年，最后你把他当作赚钱的工具，还是把他当作家里面的兄弟姐妹，因为出发点不一样，最后得到的结果肯定不一样。如果要把他当作家里边的兄弟姐妹，就是对他负责任，让他能拿到每个月想得到的工资，到年末能拿到一定的奖金，这样员工才会有安全感。

让用户有信任感，就是你的产品卖出去之后，用户放不放心，省不省心。我们企业的价值观就是让社会、员工、集团共同发展，让用户对企业有信任感，让企业在社会中得到尊严。你不能让社会上的人一提到某某企业家，就说这人缺德；某某企业家无恶不作、吃喝嫖赌；甚至人们一提到这人，就觉得这人不怎么样。

企业的责任就是要发展，而发展离不开领导人的眼光。

领导人是否具备长远的眼光，对公司的发展意义重大。俗话说："看得远才能走得远。"如果说企业领导只能看到眼前一点点的利益，那他就无法带领公司往更高的方向发展。极有可能，他甚至会被眼前的一点点成就所蒙蔽，从而产生自满心理。

只有那些目光高远的人才能发现公司存在的问题，而不会被暂时的美好景象蒙蔽。杰克·韦尔奇在出任通用电气 CEO 的时候，分析家普遍认为，通用电气是一个资金雄厚而沉着冷静的制造商，正在以与国民生产总值一样的增长速度成长着。但韦尔奇却不这么认为，在他看来，通用电气存在着许多隐疾，必须进行大刀阔斧的变革才能消除这些隐疾。他很快就宣布通用电气必须对自身进行彻底变革，使公司走上了动荡不定的变革之旅。

在"数一数二"的战略指导下，韦尔奇开始对通用电气进行较大范围的重组，他将市场份额在国际上排名不是数一数二、没有提供较多的全球增长机会的业务，进行了"调整、关闭或出售"。在实施这个战略的过程中，通用电气出售了总价值为 150 亿美元，包括家用电器和矿业运营在内的 400 个业务和产品线，收购了总价值为 260 亿美元的 600 个其他业务。到 1988 年，通用电气重组成 14 个高科技或服务业务。

韦尔奇的变革，让通用电气爆发出了更大的活力。而韦尔奇也因为带领通用电气创造出了更大更好的业绩，被看作世界上最优秀的职业经理人之一。

显然，韦尔奇就是一个目光高远的人。他不会因为公司目前看上去"还不错"就掉以轻心，而是敏锐地发现了公司所存在的各种问题。从根本上来说，他之所以能发现这些问题，就在于他看得远，对公司有一个更高的期望目标。

2. 生态平台：从"管理"到"治理"

现代管理学大师彼得·德鲁克说："下一个社会将是知识社会，知识会成为社会的关键资源，知识工作者将成为主要的劳动力。"而如今，人类已经进入知识社会。人类从 20 世纪 90 年代开始提出知识经济，到网络经济、共享经济、智能经济的接踵出现，我们不得不承认人类知识社会已经悄然来临。

当今社会知识在迅速增长，信息技术不断发展，企业之间的竞争从过去成本和规模竞争转变成现在知识、技术、创新能力的竞争。

在移动互联网冲击下，新的环境变化给企业带来新的思考：人们生活方式、思维方式、价值观的改变；中心媒体失效，自媒体盛行；信息获取模式的改变；沟通与社交方式关系结构发生变化；购买方式与购买行为的变化；消费行为和消费心理的变化；权力结构与组织模式的改变：权力分散，消费者赋权。

当前，社会进入了 VUCA 时代，如表 3-2 所示：

表 3-2 社会进入了 VUCA 时代

V	Volatility	易变性
U	Uncertainty	不确定性
C	Complexity	复杂性
A	Ambiguity	模糊性

新环境下,易变性、不确定性、复杂性和模糊性的增加,原有的阶层式组织模型已经不能再为企业有效地输出效率。而越来越多的企业采用混合线状的组织结构。

VUCA 时代下的 VUCA 组织：动态,自我迭代,超级互联,无边界链接的组织模式搭建,要更灵活地适应这个新时代的快速变化。企业要想获得成功,就需要跟着时代的步伐去做出变革。

于是,混序青色组织重新定义了协作关系：完全去中心化的点对点随时互联协作；以及因此而产生的公司管理系统的全面升级。我们过去搞管理,就是去做管控,那么现在我们需要讨论的,就是如何从管控到赋能。

我们当下都在讨论互联网下半场,其实互联网下半场根本改变的有两样东西：第一种改变,是通过上半场我们拥有大量的客户,在下半场我们要把用户变成顾客；第二种改变,互联网下半场的核心就是效率,高效率淘汰低效率,我们需要更加精准,从而减少损耗。

总之,互联网下半场,混序组织的核心竞争力就是如何把用户变成顾客,以及我们如何"治理"从而提高效率。既然效率是最重要的,那么我们就必须解决一件重要的事情——人浮于事和虚假繁忙。

为此,我们的"治理"需要做好两件事情：第一是要让所有人有责任意识,第二是真正地理解权力和利益的区分。管理的本质一定是回归到以人为本。如何"治理",最重要的就是让所有员工,从数据到信息,到知识,到智慧,大家彼此之间有相互的交互,当大家交互的时候,"治理"才有可能完成。所以,在这个数字化的时代,核心就是给员工创造平台和机会,而不是仅仅给他一个岗位。

所以,今天的从管理到"治理",或者企业生态体系,核心其实就是要做好五件事情:

(1)高层管理者一定要给员工上课,而且必须通过上课达成共识,你的员工一定要有机会去分享;

(2)打造一个让信息透明,让授权成为可能的系统;

(3)开放更多的项目激发大家参与;

(4)建立有效的沟通机制;

(5)做到上下同欲。

未来的混序组织平台,如果做到以上五点,那么我们就不是命令式的"管理",而是转变为组织自我进化的"治理"。从"管理"到"治理"组织更加分布前移的决策运营机制,用复杂的系统处理复杂的、混沌的组织问题。

三、混序是产业互联网时代的组织思维

对于企业经营,有一句话值得我们反思——没有成功的企业,只有时代的企业。一个企业与它所处的时代紧密相连、生死攸关,顺势而为者生。

今天是一个怎样的时代?过去我们常说时代变化太快,以后的生意会越来越难做,员工越来越难管,一转眼,我们已身处其中。互联网已经深入我们每一个人的生活,而混序是产业互联网时代的组织思维,如图3-4所示:

轮摆式创新：阶段式赋能组织升级

```
                    内部开放，打破职能、系统间壁垒孤岛
                    外部开放，快速应对市场环境变化
                              开放
  混序化极大激发创新动力与活力,
  最大可能确保创新速度与目标达成   创新      平台   构建混序组织平台，实现组
                                                 织管理 模式转型升级

  规范且灵活的治理过程管能够保    效率      共享   混序化平台能够实现资源、人才、
  证做事的效果与效率达到最佳平衡                   信息等在企业内外部高效共享

  利益趋同的圈层化治理模式,       共赢      跨界   打破岗位束缚，锻炼培养复合型人
  能够实现"大河有水小河                             才，直至输送跨界创新的领军人才
  满，小河齐心成大河"
```

图 3-4　互联网时代的组织思维

1．共赢：利益趋同的圈层化治理模式

人具有社会属性，所以人们常说"物以类聚，人以群分"。圈层的本质就是——利益以及利益紧密度。我们可以做的就是让利益趋同的成员相互帮扶、共同成长。

"物以类聚，人以群分"这是一条流传甚久的社会定律。只有同一圈层的人，才能相互读懂；只有同一高度的人，才能坐而论道。反过来说，只有进入某个圈层，才有机会接触到这样一群有着某些共同点的人群。

圈层是靠不断地付出才能维系的，如果仅仅因为推销自己的产品，一时搞了很多活动，之后却悄然不声，这样就会失去主动，并没有更好地维系圈层的内聚力。本来圈层之初的关系就较为薄弱，更需要通过阶段性的品牌活动拉近圈中消费者的距离，所以对圈层的维系和保养至关重要。例如，在房产项目的营销中，很多开发商开展持续性的"亲子"活动，不仅使得活动功利性弱化，更能推动人与人之间的交流和认识，以维系圈层的成长。

无论是什么平台，其实都是一个社群的概念。企业要做的就是将社群无限放大，甚至分成无数个亚部落，各种产品可以跨部落生产和营销，允许社群成员与企业共同制定社群中的游戏规则，使社群成员参与进去，逐渐形成一个强大的移动商业网。

总之，在先进移动互联网手段的作用下，人们进入了以价值观和信任为基础构造的新社群时代，未来的经济是社群经济，社群模式也将推动移动商业的高速发展。

以微信社群变现为例，其中的两个主要途径：朋友圈+公众号。

为什么微信朋友圈营销赚钱好做呢？

微信朋友圈营销本质是数据库控制营销，假如有 3000 个好友，我如果发了多条朋友圈信息，那么基本 50%甚至 70%以上的微信好友是可以看到的，这是恐怖的强控，QQ 订阅和微信订阅号的点击率一般也就在 10%~20%，这属于弱控。

长期的养鱼教育，让我们见证了很强悍的转化；恐怖的群发功能，完美地解决了节日的大促销。

2. 效率：规范且灵活的治理过程

星巴克诞生之前，美国人是在家里或者办公室里喝咖啡的，有了星巴克，他们才改变了自己的习惯。因为星巴克给他们营造了一种休闲的氛围，让人们感觉在那里面喝咖啡有种与众不同的感觉。

所以，人们很快就接受了星巴克，它成了一种流行符号。在中国，星巴克是小资一族的专属地带，中国消费者在里面不是需要咖啡和茶叶，而是需要一种情调和品位。所以，星巴克在中国不管是卖茶叶还是咖啡，都能成功。

所以说，需求永远都存在，关键是你能否发现它，或者创造它，这需要通过企业领导者的预见来引领变革。一家企业只要学会发现和创造消费者的需求，就不愁不能在市场上取得竞争优势。

引领变革不是标新立异，更不是异想天开，是根据行业的发展情况，结合企业实际从某一方面进行的改革，是对以前不合理、不合适内容的完善。

这个也可以从两个方面来看：第一，想要创新首先要有积累，也就是你要有比较广的知识面，同时还要有自己重点发展的方向；第二，就是需要你的思维比较发散，敢想。其实大多数的工作都是模仿重复，强调的是工作效率，而不是创新。对于企业而言，过度的创新必然导致过多的失败，以及效率的低下。

企业长久稳定的有效经营活动，就是一个不断创新和提升的过程，这个过程伴随企业一生，直到企业消亡。企业经营业绩的好坏，很大程度上取决于企业的这种行为是否完善，是否及时。

企业的市场经营行为，是一项长期而复杂的系统化工程。有志企业想要保持基业长青，必然要务实探索，不断创新。靠激情和忽悠打市场的时代早已一去不返了。没有创新，你靠什么赢得市场？

3. 创新：混序极大激发创新动力和活力

组织思维有两种，增长型组织思维和非增长型组织思维。非增长型组织思维，主要体现在把 KPI 完成，不冒险，不作新的突破，按部就班，这就是我们传统的科层制组织。而增长型组织不满足于 KPI，不断尝试新的东西，这就是混序组织。

对于拥有增长型思维的企业，他们在任何情况下看到的都是机会，不惧怕挑战和压力。所以，当你对环境变化存在焦虑，可能是你的组织思维方式错了。如果你是增长型思维，你看到的应该是机会，混序将极大地激发创新动力和活力。对于那些勇于创新的组织而言，在如今的商业变化中，机会是如此丰富和多元。

在企业发展过程中，尤其需要注意组织思维对企业的影响，一个组织平稳发展时，最怕的就是怠惰，使组织疲劳，也就是人们常说的"温水煮青蛙"；最可怕的是故步自封，活在自己过去的功劳簿上。缺乏增长型思维，缺乏混序思维、创新思维，这样的组织已经开始自己淘汰自己了。

在互联网时代，信息技术的发展和运用，导致企业经营环境发生了急剧变化，企业成长的可持续性，已经成为领导者面临的重要课题。创新渗透到企业的方方面面，包括产品、技术、服务、管理等。

反思各个行业，很多传统科层制企业都在加速转型，从产品、技术、服务等方方面面都在寻求与互联网的结合。但在整个过程中，往往最易被忽视的是企业管理的革新，旧的管理制度一定无法跟上互联网时代的步伐，只有企业管理者认清时代趋势，从公司管理理念出发，同时有效地借鉴创新型企业的管理之道，才能够从本质上成功转型，赋予企业新的灵魂。

企业成功的标志：提供社会需要的产品或服务，并获利。

比如麦当劳，它既是一个快餐店，又包含了一种文化，它居然能够在全球许多地方开了众多分店。国内也有很多快餐店模仿麦当劳这种模式，甚至有的在国内还相当成功。但是，这样仍然属于"拷贝"。只有开到全世界各地去，才能让全世界各地都能够见得到，只有这样，才算是真的创新，才算是创新成功了。

创新就是在原有资源（工序、流程、体系单元等）的基础上，通过资源的再配置，再整合（改进），进而提高（增加）现有价值的一种手段。企业发展如逆水行舟，不进则退。

那么，增长型混序组织该具有怎样的思维模式呢？

在过去很长时间里，由于资源和资本的稀缺性，所以资源和资本的支配力更大一些。但是现在情况变了，不论是现在，还是未来，人才及其创造力将会成为稀缺资源并具有决定性。资本和资源要附着在人才的身上，才能发挥真正的价值。

人们更加清晰地知道，人的创造力决定着企业的成败。对于混序组织而言，人才培养重要的是价值共性的形成，有明确的价值观指引，才能保证行动的有效性。也就是说，组织对于人才的约束性。

对于人才本身来说，他们具有创造性，但是同时也具有破坏性，因此共同价值观约束下是一个极为重要的前提条件。一个没有任何约束力的人才，是一种极为不负责任的创造力，这并不是组织所提倡的。价值观共识前提下的创造力，才是组织需要的。

4．开放：内外部开放，打破壁垒应对变化

在变化速度越来越快，模式迭代越来越频繁的当下，任何一家公司都不可能靠一套模式取得长期、持续的竞争优势。在复杂多变和激烈竞争的环境下，企业唯一不变的核心竞争力是创新能力和解决问题的能力。解决问题常常意味着人类多种思维的综合运用，过去解决问题更多地是依靠资深人员的经验，而今经验似乎一直在贬值，创新和灵感在解决问题中的地位持续上升。

5．平台：构建混序组织平台

平台其实就是一种开放、共享、共赢的思维。在商业中，平台的概念，并没有一个确切的解释。平台是在提供某种核心价值的基础上，能够将内部与外部、外部与外部联系起来的载体。平台通过连接消费和供给来创造价值，并不断地进行自我完善。

平台思维的重点，在于打造一个完善的、成长潜能巨大的"生态圈"。它拥有独特的机制与运营规范，能最大限度激励各个群体之间的互动，从而达成平台企业的愿景。纵观全球许多重新定义产业架构的企业，往往就会发现它们成功的关键——建立起良好的"平台生态圈"，连接两个以上群体，弯曲、打碎了既有的产业链。

在互联网时代，随着远程、无线、多方协作成为可能，平台的作用显得越发重要，就像淘宝一样，它就是一个供卖家建立商铺，供买家挑选商品的平台。在淘宝"开店"并不需要付费，卖家凭自己的本事赚钱。那淘宝作为平台怎么赢利呢？是靠增值服务与管理。这就联系到了流量思维，作为平台，吸引到足够多的流量后，就可以开始通过提供增值服务将流量转化为收益了。

因此，平台思维，其精髓就是打造一个多方共赢的生态圈。只有开放共赢，并且这个生态圈相对完善，才能吸引足够多的流量，这时候就可以依靠流量思维做好营销，获取收益了。

当下，很多网络平台在互联网新模式下茁壮成长，比如淘宝、京东、苏宁易购等购物网站。网购平台对于我们老百姓最大的影响，就是直接改变了人们的购物方式，把卖场从购物中心搬到了家中，动动鼠标就有专人送货上门。不但便捷了我们的日常生活，同时也提高了效率。

京东是目前中国最大的自营电商企业。自营电商的崛起，为很多中国新型企业提供了一个可靠又强大的展示平台，对创新型企业今后的发展奠定了雄厚的基础。同时对于消费者来说，好的平台就相当于一个有效的屏障，是过滤安全隐患的一大防护网，有效地保障了其利益。

可以说，在互联网时代，做平台几乎是每一个有企图心企业的梦想。一方面，平台处于产业链的高端，不但收益丰厚、主动权大，在

轮摆式创新 阶段式赋能组织升级

竞争中也会处于较为有利的位置，往往可以号令天下莫敢不从；另一方面，平台的商业模式是一种让所有合作者共赢、经营越久价值越大的商业模式。

任何事情都有它的两面性。虽然平台模式如此诱人，但平台战略也是最难成功的一个战略。

首先，并不是每一个企业都适合选择平台战略，选择平台战略的企业，往往需要巨大规模的用户，至少需要获得同行中规模第一的用户，这是一个极大的挑战。不管是任何行业，要在一个蓝海市场中做到用户规模第一，不仅需要产品过硬，还需要正好契合用户强烈需求的市场机缘，甚至需要找到行之有效的市场推广手段，从某种角度来说是可遇而不可求的。

其次，选择平台战略的企业需要提供给用户有着巨大黏性的服务。一般而言，只要为用户提供一个强需求产品就足以成功，但是如果想做成平台，仅仅靠给用户提供产品是远远不够的，这类企业必须是服务型企业，而且应该服务于用户的硬需求，实际上这类服务是屈指可数的，竞争之激烈可想而知。

最后，选择平台战略的企业需要有合作共赢、先人后己的商业模式。很多企业习惯于"吃独食"，企业但凡有点实力，便希望产业链上下游都由自己做，所有利润自己通吃，这种思路是做不成平台的。所谓平台，是为别人搭建的，让别人来赚钱的。只有在平台上经营的合作伙伴良性成长，平台才能生存和壮大；只有让合作伙伴赚大头、自己赚小头，才能做成所有合作伙伴的平台。如果没有这个理念，便不可能做成平台。

在构造平台的过程中，创业者需要审时度势。正如小米手机的创始人雷军所言："要顺势而为，如果历史给予我们一个做平台的机会，我们就应该摆正理念、设计好符合平台的商业模式、把握住机遇，深入实施平台战略，做一个在用户心中占有一席之地的平台；如果老天没有给我们这个机会，我们就踏踏实实做一个垂直服务企业，用好平台。"

在传统企业的互联网转型过程中，当你不具备构建生态型平台实力的时候，你就要思考怎样利用现有的平台。

互联网巨头的组织变革，都是围绕着如何打造内部"平台型组织"。包括阿里巴巴25个事业部的分拆、腾讯6大事业群的调整，都旨在发挥内部组织的平台化作用。

6. 共享：资源、人才、信息的内外部高效共享

共享经济是当前比较热门的话题，出行、住宿等个人生活领域的共享，既是大数据时代的新产物，也对大数据本身发展有促进作用。而科层制组织向混序组织变革，无疑将会进一步对共享经济产生极大的助力。

所谓共享经济，就是把原先所有权明确的（专有）、闲置的（等待被调用）非标准化的（无法简单复制）零碎资源映射为标准数字化的互联网信息来分享和整合，并充分调用起来。

移动互联网让行为和需求数据第一次可以精准定位到个人，常年在线的方式让数据有了及时的特性。两者结合，相当于在网络数据空间复制了一个和现实世界实时对应的信息世界。

在这个世界里，每个用户的信息和需求独自组成个体特定需求所构建的映射网络。多维度的充分互联已经不是简单的网络结构，而是一点瞬间联通其他。对用户而言，时空的概念被黑盒化，被大大模糊，信息的应需只是操作手段，结果是服务应需而得。

通过对数据的研究，发掘每一条需求和供给之间的关系连接，

才是共享经济最重要的本质特征。全球共享经济渗透领域，如图 3-5 所示：

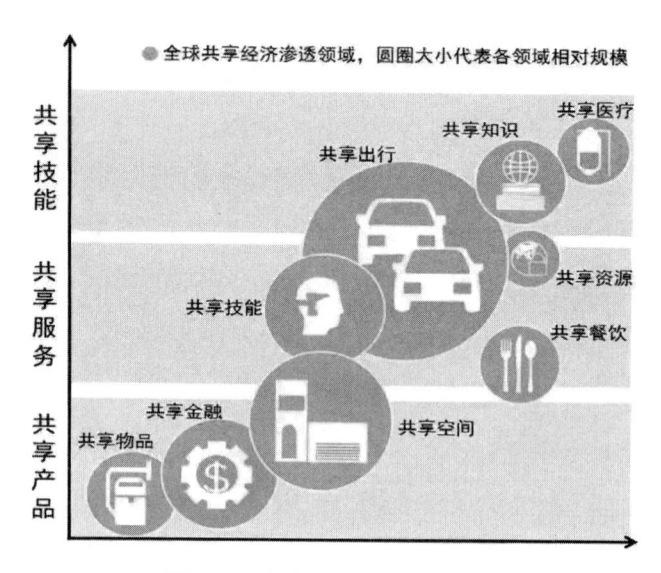

图 3-5 全球共享经济渗透领域

换句话说，共享经济能不能成长起来，甚至成长起来后对社会的影响有多深远，很大程度上就取决于这种联系能编织起的网络有多大、多密、多深、多少维度。

从这个角度来看，目前流行的共享经济案例，如网约车（滴滴、神州专车等）和共享单车（比如哈啰单车），只是这张大网编织过程中最初的几根绳子。其商业模式的建立，本质上和传统的互联网创业公司是一样的：在实际生活中发现需求（痛点），然后调用资源解决需求（痛点）。

其中，依赖人力发掘联系至关重要。这样的模式久经考验，但是过于依赖创始人的商业感以及资金投入等因素。问题在于，这些因素无一不是稀缺的。那么，怎样降低共享经济的创新门槛呢？或者说，怎样才能发动更多的脑力参与到这张大网所编织的过程中来，让编织的速度更快些呢？

最简单的答案就是"人海战术"，让每个人都可以用极低的成本参与进来。共享经济依赖的是对数据的调用。而传统模式下，数据本身被寡头们掌管。那么，把数据作为一种全社会范围的公用资源，作为一种可以和水、电路相提并论的基础设施，就成为一种必然。

7. 跨界：培养复合人才，输送跨界创新人才

早在20世纪90年代，杰克·韦尔奇就曾说："一个经理人要有一颗更开放的心，过去人们总是认为经理人理应比下属知道得多一些，这种老观念已经不合时宜了。"

未来的领导者是提出问题、加以讨论，然后解决它们。他们依赖的是互信而非控制，因此领导者要做的是真诚坦率地沟通，领导者要成为下属的教练而非牵绊者。

世界前进得如此之快，以至于控制变成了一种限制。应打破岗位限制，培养锻炼复合型人才，输送跨界创新人才。在互联网时代的今天，领导者靠自己的经验与智慧独断地解决问题的方式显然已不合时宜。

如今，在经营管理中面临的问题，领导者需要更多渠道的信息，更多维度的思考，用更创新的形式去解决。解决问题是每一个领导者每天都在做的事情，但很少有领导者意识到其背后有一个基本的模式框架，更重要的是，要利用这个框架整合团队的知识、经验、直觉和灵感，综合运用多种思维。

以往，没有任何一个时代，人类的价值观比今天更多元化。在大多数企业中，踏实、稳重的70后占据着领导地位，而最具活力的90

后则真正代表着未来的趋势。最近我与一些 90 后人士有过一些接触，深深地被他们的活力、激情和"不着调"所震撼。甚至有人说："在互联网时代，稳重、低调就是自残，循规蹈矩就是不合群。"

这个基本的社会背景就决定了解决实际问题的方式，绝对不能是某一类人的方式，纯粹按 70 后的方式解决问题，90 后会觉得老套、没有兴奋点；纯粹按 90 后的方式解决问题，70 后会觉得太不着边际。问题的解决过程，一定存在着各种观点和价值观的整合，把不同甚至相反的想法和目标整合在一套解决方案中才是真正的本事。

也就是说，运用思辨的头脑，从独立观点中权衡出新方式的决策者，与一次只考量单一模式的决策者相比，有明显的优势。今天，解决问题的能力很大程度上体现在思维的整合能力上。带领团队解决问题，才是互联网时代的领导者最应该具备的基本能力。

四、如何打造混序组织？

科层制组织是等级森严的金字塔形组织，而混序组织并非完全去中心化、去层级的模式，也设置了层级岗位，分不同的事业部进行管理。这就是当下人们所倡导的以"大平台+小团队"的形式而存在的混序组织。

这是一种全新的组织，那么，混序组织是如何打造的呢？

1. 混序组织的运行机制

混序组织通过改变传统科层制组织的结构，打开部门边界，以项目为纽带，无缝连接业务和职能部门，围绕公司战略部署和年度任务进行及时组合，形成多元化的任务团队，同时还开放组织边界，连接社会资源形成更广泛的合作体系。

混序组织运行的核心，在于如何激活人才，如图3-6所示：

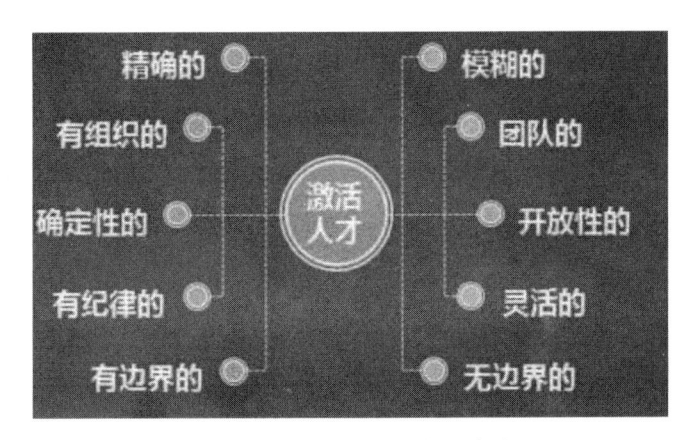

图3-6 混序组织如何激活人才

通过混序组织的运营，让员工与公司成为共同体。这种混序组织"大平台+小团队"的模式很好地解决了以下几个问题。

（1）人才与组织信任的问题

混序组织运营过程中，信任是授权的精髓和支柱，在信任中授权对任何员工来说，都是一件非常好的事。信任能让员工自信无比，灵感迸发，积极工作。信任还是团队成员之间合作的基础，这种基础是混序组织管理成功的保障，它能使关系融洽，思想统一，工作效率提高，管理成本降低。

（2）服务时间的问题

混序组织模式下，将员工对企业的长期服务变为一个一个中短期的项目，员工把公司看作球队而不是家，通过一些具体项目的落地来实现自己的想法，与公司共同达成目标，创造价值。在自己感兴趣的项目实施过程中，员工自然会遵守承诺，完成目标。

(3) 员工快速成长的问题

在混序组织的管理项目过程中，从项目的设立、启动、执行、控制等环节，都对员工的能力带来了前所未有的冲击和挑战，能够唤醒员工潜在的各种素质和能力，能够在项目的不同阶段训练和体验他们在原来职能式的周而复始的工作中所没有经历的各种情景。

无论是领导力、执行力、控制力等都获得了全面的训练和提升，公司可以借此培养一大批复合型人才，建立人才库，一旦公司内部有机会或项目成功，他们就是内部创业企业负责人的最佳人选。

(4) 协作的问题

这种方式打破了传统组织中部门间、公司间的障碍与隔阂，大家可以为了共同的项目目标而携手合作，分享收益。

相对于传统科层制组织，这就是混序组织运营的重要突破，就是能把人才变成公司的"创始人"，让他们跟公司一条心。因为人才所渴求的，是一份能让他们全力以赴的工作，而这种工作的价值，还要由市场化的成果来证明。他们不再希望终生被某个组织捆绑，想要掌控自己的命运。对他们来说，最大的安全保障是他们的才能。因此公司要赢得他们的忠诚，就必须让他们感受到自己与公司是"共同体"。

在混序组织中"大平台+小团队"的模式可以让人才在包容、信任的氛围中，通过公平的利益分配机制，实现与公司的共创、共赢，共同成长，从"要我干"变成"我要干"，最终的结果是，人才与公司既是事业共同体，又是利益共同体，如图3-7所示：

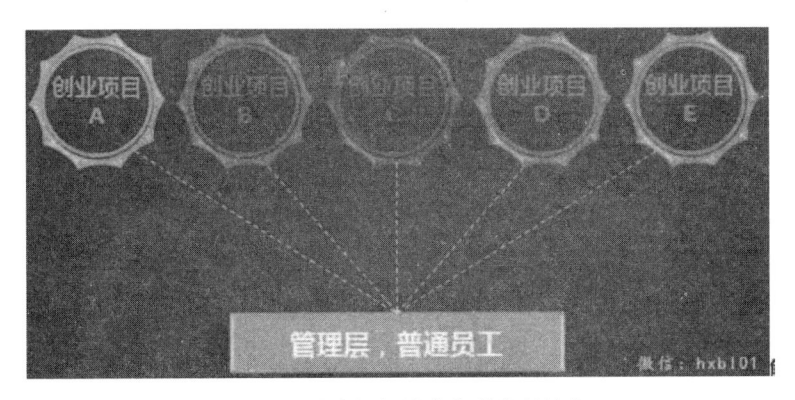

图 3-7 混序组织让人人成为创始人

混序对于组织带来的最核心的两大改变：一是开放，二是平台，如图 3-8 所示：

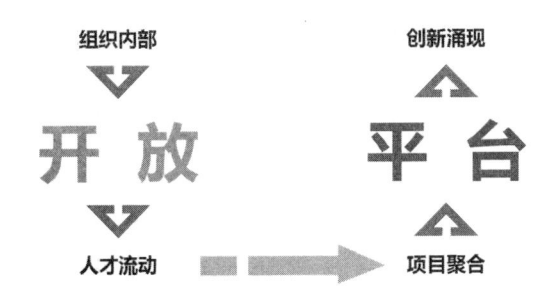

图 3-8 混序组织的核心转变

这种混序项目化组织，给我们带来了全新的思维理念和工作模式，不仅在组织转型变革和企业内部创业中发挥着重要作用，还将在更多的领域中突破创新产生超级价值。

2．混序青色组织的生态系统

前面我们说过，组织是有颜色的。

人们在组织设置上曾经历了几种不同的协作方式，分别基于不同的世界观：冲动—红色、服从—琥珀色、成就—橙色以及多元—绿色。

而青色组织则不同，它强调组织是一个生命系统。这不是概念先行的产物，而是在全世界各地涌现出一类自主管理的实践。

青色组织的有效运行，是基于同僚关系的自主管理系统，它追求身心完整以及真实的组织使命，并能不断进化。如图3-9所示：

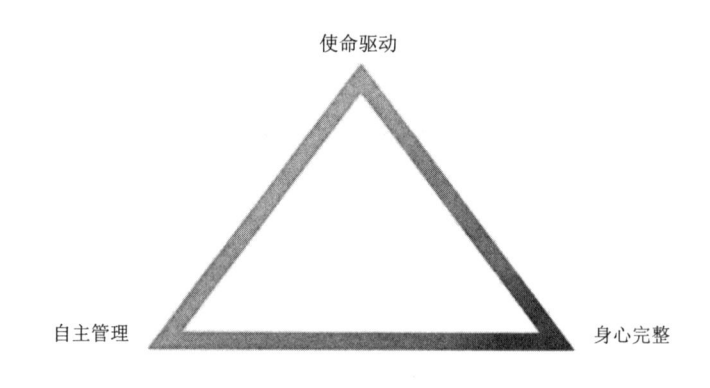

```
                使命驱动
                  △
        自主管理      身心完整
```

图3-9　青色组织有效运营

（1）使命驱动

一提到企业的竞争力，人们马上想到的可能就是产品的质量和技术的领先，而很少有人顾及企业的文化建设。事实上，企业的文化建设表面上看是"务虚"的，但实际上却是有着其实实在在的作用的。

一个企业如果不注重企业文化的建设，不注重文化驱动，那就好比是一个人不太重视维护自己的声誉，久而久之，人们对他的信任感就会逐渐消失。而且，一个企业如果没有文化的支持，也就不会赢得市场的长期认同。同样，要想锻造一个有广泛影响力的企业，如果不重视企业文化的建设，那愿望也只能是海市蜃楼。

青色组织的先锋实践者——迪卡侬集团。他们的组织和员工相当有活力，不仅现任CEO鼎力支持进行组织进化，就连耄耋之年的公司创始人米歇尔·雷勒克也坚持参加重要员工的培训课程，传播企业一贯奉行的价值观。

创始人米歇尔坚持每个月来总部同参与培训的员工分享其理念，有一次他竟然给在场的员工跪了下来，强烈恳请那些不认同迪卡侬价值观的人离开公司。这样做的目的，正是重视企业文化建设：注重使命，愿景驱动。

有了文化驱动，还需要建立管理体系。

（2）自主管理系统

法国作家佐布里斯特在他的作品《相信人性本善的组织》中，写到一家传统科层制管理的组织，在他的建议下，进行了自上而下的组织革新——创建青色组织：

"不再打卡，没有生产指标，生产率竟然提高了！原来，操作机器其实有一个最不累的理想生理节奏。但在原先的制度下，操作工人们就会故意慢一些，他们都想给自己留有余地，以防管理层今后加指标，这低于他们的自然生产率，当然公司的收益也更低。

"因为信任带来责任感，效仿与同伴压力远比等级制度更有约束力。团队自主确定目标，并且为完成目标而自豪。如果有人钻系统的空子，没有尽到责任，团队会立刻让他知道大家的感受。"

传统的管控已经过时，企业面临管理变革，建立混序青色组织的生态系统。

人才的获得有两个途径：一是从外部引进人才，二是培育"家里"的人才。引进人才的措施有：开拓招聘渠道，从多渠道网罗人才；给人才戴上副"金手铐"，以期权计划吸引人才；给人才建立起完整的职业规划，以远景吸引人才；以有竞争力的薪酬吸引人才；把握人才真正需求，制定对应的激励措施。培育现有人才的第一步是清楚地辨识关键人才，然后要在企业建立起健全的培育机制，另外还需要企业家要舍得投资。

轮摆式创新: 阶段式赋能组织升级

小米创业之初,雷军大旗一挥,就召集到了谷歌、微软、摩托罗拉、金山几个公司的顶尖人才,组成了超豪华的创始人团队。随着小米的发展,业内更多人才前仆后继地会集过来。据统计,小米有一半以上的人来自谷歌、微软和金山,他们平均年龄为32岁,也就是,本科毕业10年或研究生毕业7年的人才,他们个个都是有经验又依然保持着冲劲的一批人。

那么,到底建立怎样的环境才能吸引、留住、用好人才,给各类人才戴上一副"金手铐"呢?

第一,管理机制:树立"以人为本"的思想。从物质层、制度层和精神层入手。在日常管理中做到以人为本,理解人、尊重人、关怀人,从充分信任人才、关心人才疾苦、为各类人才排忧解难等入手。

细节入手,在人与人、人与单位之间建立深厚的感情,从而使各类人才真正获得一种归属感,不愿轻易离开。

第二,激励机制:青色组织的考核变革。随着全球经济一体化进程的到来,各类人才短缺的情况在加剧,传统的"管、压"等办法堵住人才外流已收效甚微。因此,各单位、各地方政府也要根据人才差异化,制定适当的激励政策,采取物质激励与精神激励的方式,切实发挥激励机制的效能。

第三,沟通机制:重视与各类人才沟通。良好的沟通可及时了解人才的思想动态和相关信息,减少人才对各类事物的不满情绪。了解各类人才的特长,从而按需分配。改进人才管理上的短板,从而使人才流动控制在合理的范围内,减少人才的盲目流失,避免不必要的损失。可以说,会用、用好有不同特色的人才是一门艺术。

第四,成长机制:为各类人才提供必要的发展空间和成长机会。当今,社会物质生活水平的普遍提高,追求自身价值的人越来越多,发展空间和成长机会成为人们在选择职业时的一个重要考量。

混序青色组织要想留下优秀员工，必须为他们提供成长和发展的空间，这就要求管理者树立长远发展目标，并将发展目标与各类人才紧密联系，使他们能够清楚自己所处的位置和"责任田"发展的机会，并为之提供创造良好的发展环境。

第五，流失机制：建立人才流失预警机制。实施制定人才流失预警机制具有强烈的现实意义。可以通过调查、统计和分析等方式，及时监测并解决人才管理中的开发、结构、环境等问题，从而做到防止潜在的人才流失。

（3）身心完整——组织成员心灵的安顿

起心动念就想成就员工，就想让跟着自己的兄弟姐妹过上更好的生活，更有能力，有这个念头才会有这个能力，因为你会去让自己具有这个能力。正所谓：念头在，方法来。没有这个思想，有能力你也未必起作用。

实际上很多保持健康态势的公司，领导者都是特别注重员工的诉求的，他们甚至本着这样的心态建立公司，即创建一个平台帮助员工实现梦想，顺便实现自己的梦想！

混序青色组织的领导者激发员工成就感的一个有效策略，就是充分尊重员工的自主性。研究表明，成就需要是基于内在心理体验的一种需要。其满足来源于人们对所取得的工作绩效的一种内在心理体验。

这种体验包括两种：一种是对工作成果中凝结的个人贡献的体验，另一种是将个人贡献与他人比较获得的优势体验。通常来说，一个人获得的自主性越大，个人在团队中的地位越高就越能体验到成就感。这就要求领导者在管理团队的时候，一定要给予属下充分的自主性。管理者能放的权力，一定要放，让员工发挥最大的自由完成工作任务。这样，当完成任务的时候，他们就有最大强度的实现自我价值的感觉。

实际上，传统管控型管理模式，往往这也管那也管，事无巨细，

轮摆式创新 阶段式赋能组织升级

吹毛求疵。这样就导致员工的自主性没地方发挥，他们被老板束缚住了。在这样的公司工作的员工通常是感觉不到多少成就感的，所以他们的工作积极性也很差，他们中的大部分人基本上都是一种当一天和尚撞一天钟的工作状态。这样的团队显然是没有战斗力的，当然也不会获得持久的发展。

相反，混序青色组织精明的领导者总是给员工最大的工作空间，让他们体验主人翁的感觉，而自己只负责鼓励和帮助员工。

微软公司是一家没有官僚作风的公司。公司的领导者比尔·盖茨充分尊重员工，放权给每一个人主导自己的工作。微软的员工处处都能体会到一种人人平等的感觉，比如，微软没有"打卡"的制度，每个人上下班的时间基本上由自己决定。在这家公司里，资深人员基本上没有"特权"，依然要自己回电子邮件，自己倒咖啡，自己找停车位，而且每个人的办公室基本上都一样大。

比尔·盖茨施行"开门政策"，也就是说，公司的每一个人都可以找任何人谈任何话题，当然，任何人也都可以发电子邮件给任何人。一次，一个新员工在开车上班时撞了比尔·盖茨停着的新车。她吓得询问领导该怎么办才好，领导告诉她只要发一个邮件向比尔·盖茨道歉就是了。于是，她发了一封电子邮件给比尔·盖茨，不到一个小时，对方便回信了，他告诉她，别担心，只要没伤到人就好，还对她加入公司表示欢迎。

微软公司不仅在一些细节上给予员工充分的权力，而且它还鼓励员工畅所欲言，对公司存在的问题，甚至上司的缺点，毫无保留地提出批评和建议。比尔·盖茨说："如果人人都能提出建议，就说明人人都在关心公司，公司才会有前途。"微软因此开发了满意度调查软件，每年至少做一次员工满意度调查，让员工以匿名的方式对公司、领导等各方面作反馈。所以，微软公司的每个经理都会得到多方面的反馈和客观的打分。比尔·盖茨和其他高层领导和人事部都会仔细地研究每个组和经理的结果,计划如何改进。

比尔·盖茨处处给予员工足够的权力和尊重,这就使得他的员工能够获得一种成就感,从而尽心尽力地为公司工作,这是微软公司强大的一个重要原因。

大道至简,知易行难。许多人都明白"先成就同伴,后成就自己"的道理,可就是做不到。归根结底,这就是自私自利的心思在作怪,他们不愿意把权力和利益与他人分享,而只想自己独占独享。创业者想成功,就要克服这种小家子气的毛病。作为公司的领导者,只有具备先成就别人后成就自己的心胸,并且通过给员工赋能,尽力去实现它,成功才会水到渠成。

3. 混序化小团队的组织模式

美国互联网分析家凯文·凯利认为,"混序管理模式"正越来越多地应用于当今高速发展的企业中。比如 Uber 的市场拓展,正是得益于"三人小组"的混序小团队的组织模式。

Uber 以混序小团队——"三人模式"迅速打开市场,并在短短的 5 年时间内进入全球 50 多个国家的 300 个城市,平均 1.8 天进入一个新城市。这样如此高效的推进速度,打开市场却仅仅只需要三名工作人员:

其一,市场经理负责营销、了解乘客痛点、了解服务质量,同媒体和乘客打交道;

其二,运营经理负责招募司机、管理与司机有关的事情,让他们同 Uber 开心合作;

其三,负责处理其他事务。

可以说,Uber 的三人混序小组中,他们相互信任,这种开放的氛围,更能够有效运作。

我们前面讲过,混序的核心特征就是:"混沌自由+秩序统一"的混序思想、"开拓创新+守成复制"的混序理论、"内部创业+标准生产"的混序管理、"团队(自组织)+平台(部门)"的混序组织。

Uber的混序组织结构核心是"三人小组模式":市场经理、运营经理等,最厉害的不是这些Team,而是后台的算法,所以这些Team才敢去打这种硬仗。这就是"小团队+大平台"的模式,它们的团队后台很强大,因此更加灵活、有战斗力的团队也应运而生。

从工业企业科层制管理,到互联网时代的混序组织模式,混序管理模式势必在互联网时代具有极佳的应用前景。构建混序管理模式,企业首先要把创意转化成项目,然后用"小团队+大平台"的合作,通过项目的自主管理,重新建立制度,项目团队形成自我驱动,最后通过多项目积累,实现突破式创新,如图3-10所示:

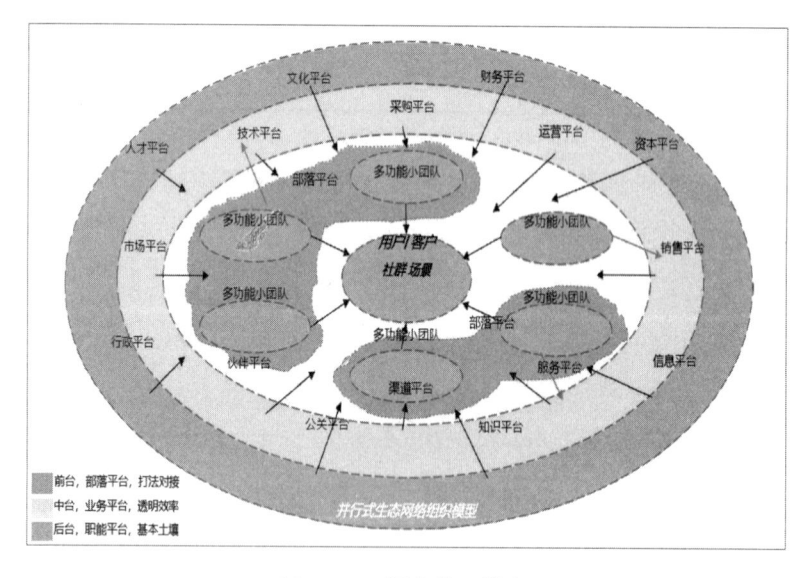

图3-10 混序管理模式

这种混序的组织模式，目标在于达成企业利润，实现商业价值，还需要改变组织内部的关系。

从过去的上下级，到现在的"合伙人"，通过内部项目管理，找到合适的人才。从科层制下固定岗位到混序组织员工多重角色的转变，员工成为具有流动性有想法的人力资本，通过项目锻炼，培养更多的团队领袖。

五、混序组织实践案例

1. 腾讯：管理模式开放，组织架构开放

管理模式开放：每个业务模块独立的成本和利润。

腾讯作为中国互联网巨头 BAT 成员之一，拥有近 3 万名员工，平均年龄只有 27 岁，如何管理好这样一支年轻的队伍，这是很多人都想探索的一个奥秘。

腾讯公司的组织架构中，最高的权力机构是总办，接下来是各个事业群，事业群由很多业务部门组成；位于底层的业务部门则负责承担一块或几块具体的业务工作。

腾讯的总办是一个独特的管理机构，也是企业最高的管理决策小组。一般由高级执行副总裁及其以上职位组成，负责把控企业的战略方向、转型方向、重大架构调整，以及开放战略、连接策略等对企业影响至关重要的问题。此外，他们还要把握产品方向，以及在跨事业群合作时进行协调等工作，如图 3-11 所示：

轮摆式创新：阶段式赋能组织升级

图 3-11　宏观管理：大三层金字塔

作为腾讯公司的最高指挥部，总办由马化腾、刘炽平、刘胜义、任宇昕、James Mitchell、吴宵光、张近东、汤道生、陈一舟、卢山、张小龙等这些高层组成。处理具体业务事项时，还会包括承担具体业务的业务事业群的负责人。

从成员的身份上来看，总办在扮演投资人和协调人这两个关键的角色。

在开放战略下，腾讯各个业务部门有点像一个个的创业公司。当要去开拓、组建新业务，又或是争取更多资源时，他们都需要向总办汇报。在客观分析和据理力争获得认可后，业务部门才能得到相应的投入。此时看来，总办对于业务部门来说就是一个投资人。

另外，当腾讯各个业务部门进行跨部门合作，特别是关键业务进行协作时，总办是要站在中间统揽全局协调各方的。例如当年的"3Q大战"，为了抵抗信息泄露，降低安全风险，需要多个业务部门跨部门协作。在这种对公司影响重大、需要快速决策推进的场景下，总办会承担牵头人的角色，协调公司的各个相关事业部大力推进各项工作。

腾讯划分了 7 大事业群，其中，IEG 互动娱乐事业群、SNG 社交网络事业群、WXG 微信事业群、OMG 网络媒体事业群和 MIG 移动互联网事业群承担着公司营收的关键业务。而 TEG 技术工程事业群为其他所有事业群提供基础的技术支撑，CDG 企业发展事业群则负责腾讯的战略发展和战略投资等外延型工作。当然，各事业群之间也会有很多合作，共同组成了腾讯的核心骨架。

事业群之下，是实际承担具体业务的业务部门。他们也是一些相对独立的部门，承担着具体某一款产品，或相关产品的研发、推广。这些部门通常会承担每年的具体 KPI 指标，需要定期检视产品数据，同步运营现状。在 IEG 中负责游戏的部门，习惯于自称为工作室。

腾讯的管理制度让这些独立运作的业务部门有着自己充足的发展空间和自治权力，就连总办也只是指出宏观的战略方向，比如"连接"或者"开放"等公司级战略，对具体业务并不会过多干涉。所以他们可以自由选择业务方向、开发产品，而跨部门之间的协作、牵扯等事情却很少。当然，这并不意味着业务部门的绝对自由，具体的管理工作还是需要由业务部门所在的事业群执行的。

综上所述，腾讯的每个业务部门在其成为自身成本和利润中心后，更像一家独立的公司；事业群则是由多家公司组成的集团；而由这些事业群集团和众多投资公司组成的腾讯，则相当于一个互联网世界的帝国。

容忍失败，允许适度浪费，鼓励内部竞争内部试错，就是混序思想的体现。

很多人都看到了微信的成功，但其实在腾讯内部，先后有几个团队都在同时研发基于手机的通讯软件，每个团队的设计理念和实现方式都不一样，最后微信受到了更多用户的青睐。

或许很多人会觉得这是资源的浪费，但马化腾不这么看，他认为没有竞争就意味着创新的死亡，即使最后有的团队在竞争中失败，但它依然是激发成功者灵感的源泉，可以把它理解为"内部试错"。

并非所有的系统冗余都是浪费，不尝试失败就没有成功，不创造各种可能性就难以获得现实性。

2. 小米：组织架构的"7人领导团队"

雷军说："不少创业者抱怨找不到人才，其实无论任何行业，找到优秀的人才都很难。美国麦肯锡公司曾把现代世界各国对各类专门人才的争夺称为'人才大战'，高层次人才成为最稀缺的资源，最大化的占有人才、用好人才是企业不断取得胜利的关键。"

苹果公司为什么取得了成功？雷军认为，在移动互联网时代，一家公司成功的标准，是硬件、软件、互联网三种资源的高度匹配，而苹果做到了，所以它成功了。因此，小米要从竞争激烈的移动互联网市场突围，就要玩"铁人三项"，那么，如何实现呢？

雷军说："我觉得只有从零创建一家公司，寻找几个具备不同背景和技能的合伙人，一起努力才有机会。"雷军认为，三种背景的人才融合是实现"铁人三项"的唯一途径。在小米创立之初，他的最主要工作就是寻找合适的人才。

"当我决定做手机的时候，我见了100多个人，才找到光平博士。"雷军介绍，在创立之初，为了找到最棒的团队，他曾经费了不少周折，"一开始，我找软件公司圈子里的，这个行业大家都熟悉我，很快找到了，但是硬件公司的人一个也找不来。那时候，我每天见很多人，我跟每一个人介绍我是谁，我做了什么事情，我想找什么人，能不能给我一个机会见面谈谈。几乎来小米的每个同事我都打过电话，每天面试，恨不得从早上谈到晚上一两点。"

虽然"很痛苦"，一番奔波后，雷军终于会集了分别来自谷歌、微软、摩托罗拉、金山的7人组成豪华创始人团队。

是哪七个人呢？如图 3-12 所示：

图 3-12　小米创始团队

雷军：金山前 CEO，著名的天使投资人。

林斌：曾任谷歌中国工程研究院的副院长、谷歌全球工程总监，全权负责谷歌在中国的移动搜索与服务的团队组建和工程研发工作。

洪锋：曾任谷歌美国高级工程师，回到中国后，曾任谷歌中国第一产品经理。在谷歌中国，他所主持开发的谷歌音乐，成了谷歌中国为数不多的饱受赞誉的产品。

黄江吉：曾任微软亚洲研究院首席工程师。在加入小米前已经在微软工作了 13 年。

黎万强：2000 年大学毕业加入金山，历任金山软件的人机交互设计总监、设计中心总监和金山词霸事业部总经理。在金山的十年职业生涯中，他从一个设计师成长为一个拥有百余人规模的事业部的领导者。

刘德：毕业于世界顶级设计院校——艺术中心设计学校（Art Center College of Design）的工业设计师。

周光平：曾任摩托罗拉北京研发中心总工程师。

小米创始人团队的这七个人，各有所长，并且他们都是业界的精英。

"怎么样才有可能产生一家像苹果这样的公司呢？如果能把谷歌、摩托罗拉和微软合并了，那就一定有戏。"创始人团队建立起来后，雷军悬着的一颗心总算放下来了。有了创业的想法后，他最大的心理压力就是担心会失败。

有了这样的团队，他开始相信小米成功的概率会很大，如图3-13所示：

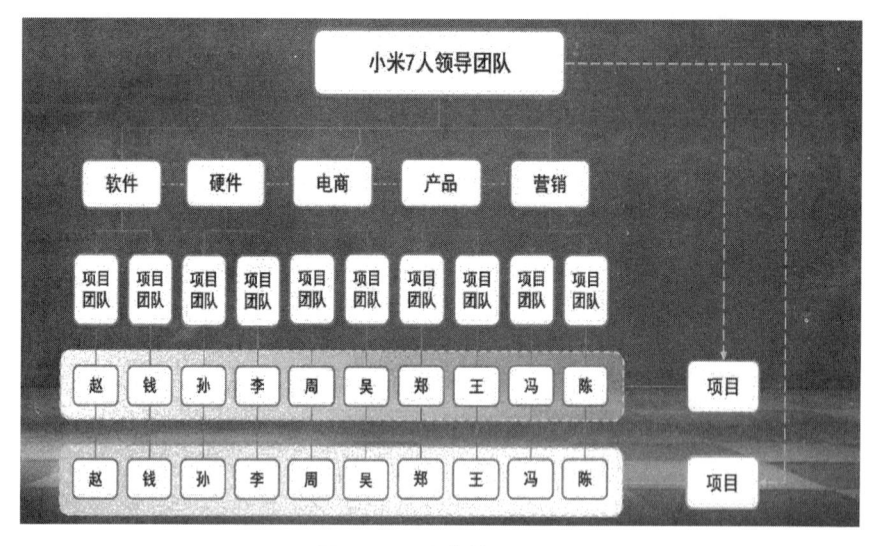

图3-13 小米管理团队

也正是因为这个团队的存在，综合实力并不突出的小米能有力的说服投资商。

2010年年底，小米完成第一轮4100万美元的融资。2011年12月，小米完成第二轮9000万美元的融资。2012年6月26日，雷军宣布小米已获得新一轮融资，金额为2.16亿美元，估值达40亿美元。这一数字接近传统手机厂商黑莓49亿美元的市值，相当于诺基亚市值的一半。

3. 阿里："拥抱变化就是创造变化"

2018年11月26日，阿里巴巴CEO张勇在全员公开信中宣布：阿里云升级阿里云智能；加强技术、智能互联网的投入和建设；天猫自我升级和裂变为大天猫；为未来5年到10年的发展奠定组织基础和充实的领导力量，全力打造阿里商业操作系统。

这是阿里最新一次面向未来的组织升级："要打造阿里商业操作系统，赋能商家，实现'在数字经济时代，让天下没有难做的生意'的使命，我们就要面向未来，不断升级我们的组织设计和组织能力。"张勇在公开信中写道。

这次的架构调整，为阿里集团5~10年的基层组织调整以及完善领导力量奠定了基础。

调整背后，反映出阿里巴巴的核心战略：人才战略、组织战略和未来战略。阿里巴巴所有战略的核心正是人才战略，因而带来了良将如潮的人才梯队和独特的人才培养机制，由此为阿里巴巴经济体持续保持活力和创造力，不断突破。

阿里所强调的"拥抱变化就是创造变化"的实质，就是把机械逻辑转变为生物逻辑，在组织中创造混序的生态系统。

在此之前，为了打造混序组织，阿里一共进行了三次架构调整，分别是2015年"大中台+小前台"的调整，2017年1月面向"五新"的调整，2018年11月面向未来5~10年数字经济时代的调整。

下面就是这三次调整的分析：

（1）"大中台+小前台"架构

所谓中台和前台，是指工作分工问题。中台指的阿里集团公司的技术团队，而前台则指的是某一部门下的开发团队。比如某一部门要开发一款App，是采用部门内部（小前台）模式组建一支涵盖设计、开发、推广及运维的团队，还是有集团公司（大中台）组建专门的技术组，负责设计及开发等核心工作。

如果把小前台比作特种部队，那么大中台就是航空母舰。特种部队的机动性很强，负责快速反应，提供实时方案，而航空母舰则负责集中火力，精准打击。这次的架构调整，让管理更加的高效，业务处理速度更加敏捷灵活。

（2）"五新"战略调整

"五新"分别指的是新零售、新制造、新金融、新能源、新技术，如图 3-14 所示：

图 3-14　阿里巴巴"五新"战略

在新零售方面，阿里共有三大分支，分别是终端数字化（电子货柜、智能支付、智能称重）、应用中台和批发分销。

新制造方面，当前落地产品不多，在未来预计会出现类似智能汽车、智能机器人等一批设备，这些还需要 5G 技术的大力支持。

新金融方面，主要有信贷信用、支付或企业转账以及全程风控，目前支付宝正在大力推荐蚂蚁花呗，也就是阿里通过获取用户的消费数据来组建自己的征信系统。

新能源方面，并不是我们日常理解的水电风等资源，在 IT 互联时代，支撑起网络运营的关键点是数据，这里是指大数据运作。

新技术方面，也就是阿里云。阿里通过打造一款线上运营平台，将更多的开发者和运营者聚集到一起，真正让大数据落地。

没有前期组织架构的改变，就很难带动后期业务的整合、重组，从而发挥出更大的动能；没有中期业务的发展变化，就无法进一步激发一线工作人员的战斗热情。在阿里巴巴，组织架构的调整与业务发展变革之间已然形成了一种互惠互利的局面，二者相互驱动，互为动力，循环推动着公司的快速健康发展。

（3）面向未来 5~10 年数字经济时代的调整

阿里巴巴 CEO 张勇认为，要打造阿里商业操作系统，赋能商家，实现"在数字经济时代，让天下没有难做的生意"这一目标，首先需要阿里云技术，在智能商业时代，所有的企业都要实现在线化、智能化和网络化。

阿里云技术可以很显著地降低企业的运营成本，让商家能够专注于信息化建设以外的事情。同时，借助于支付宝丰富的应用场景和线上线下方便的操作过程，让新金融更好地融入其中。

在物流货运方面，通过前期打造的新零售的布局，彻底解决货品运送问题。而这一切的操作过程，都需要一个强大的后台运算过程，这就是阿里云技术。后期的话，通过人工智能技术，阿里云平台更能根据大数据提供更加智能的决策支持。

总之，阿里的战略总是提前布局的，创造出一个节拍，去引领行业的变化。阿里巴巴文化里常说"拥抱变化"，而现在的阿里逐渐开始"创造变化，引领发展"。

PART 4

如何进行轮摆式创新组织转型

轮摆式创新（Wheel Pendelum）体系是我融合了创新管理体系的完整内容，并结合国内十多年的落地经验后所得出的实战型的咨询管理系统。

在落地的过程中，我应用了李正教授的项目化管理以及青色组织系统作为支持，以加速组织转型速度。

为确保企业在进行组织转型时能有足够的可用资源与利润保障机制，提高转型的成功率，还引入了剑桥的剩余价值挖掘商业理论以及MIT 的组织行为设计系统，以三个阶段逐步地推动组织成为混序青色组织，并能持续产出商业价值。这套完整的体系称为轮摆式创新系统。

一、轮摆式创新是什么？

中国已走向全球互联网经济下半场,产业互联化的时代。随着国际局势的变化,中国内部的企业环境也发生了剧烈的变化。人口红利逐步消失,工业自主升级,互联网时代也走向了新的开端。

企业以往的目标从每年的追求高增长,到今日的想尽办法追求高质量,已是完全不同的局面。持续成长,才能有增长,从内部产生优质的变化与改进,才能走向未来。这一切的成败在于企业是否能够达成三个重要的转型:组织战略转型、组织领导力转型、组织执行力数字化转型。

我认为,企业成功创新转型的关键在于:管理层战略性分权平台多项目小组协作联动=全员创新降本增效,如图 4-1 所示:

图 4-1 如何进行轮摆式创新组织转型

1. 管理层:战略资源平台支持

从科层管理,到混序组织,未来组织被颠覆,领导者的身份自然也要被重新定义,随之而来的领导者核心价值观和关键能力也要被重新定义。对于青色组织管理层,无论是文化,还是战略,都是基于人,受管理者影响，特别是战略，战略是以领导者或者高管们的眼界决定的。

组织战略转型的实现在于领导者或者高管们对市场的洞察与组织核心创新资源的匹配能力，并协助企业定位战略优势，同时找到独一无二的市场价值，一步步地拆解行动与衡量标准，从组织架构到人员能力实现战略目标！

传统科层制企业管理的假设是最高领导者作为业务的总设计师和总指挥，业务设计完全是高层领导的事情。基层单位的领导者无须参与业务设计，也无须具备业务设计能力，只要贯彻执行好总部分派的任务就可以了。

而今的情况则大不相同了，外部环境快速变化，业务越来越复杂，处处充满不确定性和模糊性，在混序组织内部，最高层的总指挥客观上已经做不出滴水不漏的顶层设计了。这就要求基层领导者具备较强的权变能力能够根据当地的实际情况灵活应对和独特创新。

在今日多样与快速变化的时代冲击下，技术快速推陈出新，企业的产品与内部流程制度也面临着挑战的极限，单靠传统的研发与管理方法已难见其功，毕竟产品开发还是很容易被内部的流程给绑架的，一个更宏观的与市场对接的观点出现了——商业设计思维。

以关心客户需求福祉、创造社会价值并分享的思维来主导，重新设计与客户对接的流程，让客户快速地从口碑与体验过程中给予反馈，以拳头产品打动客户痛点，让尖叫声来引爆场面，达到创造价值分享效果的一种以客户为中心的新服务流程与产品设计手法。

混序组织的业务模式，是由高层的指导性概要设计和基层的创新性实践合力演变而成的。混序组织不再是一个贯彻高层设计思想的机器，而更像高层意志与基层实践共同作用下持续进化的有机体。

反过来，未来混序组织的基层管理者更需要参与业务设计的机会。如果一个人的工作全部都是上级安排下来的，在工作中没有任何创新空间，工作带给他的意义和成就就会大打折扣。真正的业务精英是需要创新空间的。探求意义和价值是大脑的本能，也正是这个本能赋予人成就感和幸福感。有的人恰好从事他们很喜欢的工作，工作和个人爱好完美地结合起来，他们就会感到幸运和幸福。大部分人没有那么幸运，他们的工作未必是个人爱好，那么，努力发掘和主动探索工作能带给自己的意义和价值，主动把自己的特长和才干通过工作表现出来，才是更重要的让自己幸福、把握自己人生的能力。

在混序组织，甚至优秀的基层员工也需要工作中的灵活授权和创新空间。无论管理者自己的目标多么明确，思路多么清晰，都很有必要跟团队成员一起进行年度业务设计的共创。带领团队共创年度业务策略，跟管理者确定业务策略然后向下宣贯，有三个显著的不同点：

第一，多人智慧胜一人，集体决策对提高决策质量是有帮助的。

第二，给员工主人翁的感觉，员工参与了策略的制定，对策略的理解就更充分，在执行过程中会更积极主动。

第三，员工在参与研讨的过程中，既有机会把自己的想法融入组织工作计划中，也便于他们把个人成长与团队年度计划进行有机结合。

寻找意义和快乐是一种能力，员工能够从工作中找到属于自己的独特意义和快乐，才能激发出内心的驱动力。

混序组织也正是为了激发出更多员工的内驱力，英特尔、谷歌等硅谷大公司都把传统的 KPI 考核发展成 OKR。而 OKR 最精髓的思想在于把员工自身的成长放在首位，鼓励员工主动把工作和自身成长紧密结合，发现工作的意义和价值，自主承担起在工作中成长的责任。

事实上，早在 100 多年前，蒙特梭利就发现，孩子是把工作和任务当作探索世界和学习新知的方式。而成年人却把工作和学习分开，认为工作是为了谋生，工作就应该被动地接受上级领导的安排，工作就是完成任务然后得到好处，应付工作的心态由此逐渐滋生。只有重新定义工作，主动把工作当成学习的机会，有意识地从工作中锻炼和发展自己的各项能力，我们才能从工作中释放更多的激情，收获到全新的体验。

总之，最高管理者客观上不具备全面的组织业务设计的能力，中基层管理者和基层员工又非常需要工作中的创新空间。未来混序组织的业务模式一定是各级管理者与员工合力共创，并且在实践中持续演进的。而且唯有如此，工作才能给基层员工带来足够的成就感、创新机会和成长机会，工作才能真正意义上成为员工实现梦想和创新的平台。

仔细研究小米的发展不难发现，小米成功的关键，并不在业务规模上，而是平台模式上。就是因为选择了合适的平台模式，小米模式才没有倒塌，小米才会跟随用户同步成长，成为行业领袖。

2015年4月9日下午，小米在北京召开的小型发布会上，雷军说："小米主要是做三个产品——小米手机（包括平板）、小米电视（包括盒子）和小米路由器。"

面对外界对小米生态链的封闭理解，雷军表示，小米将来至少要做100款产品。这里的产品是开放的、非独家的、不排他的，要打造一个全开放的平台。由此可见，小米对于平台的重视程度，如图4-2所示：

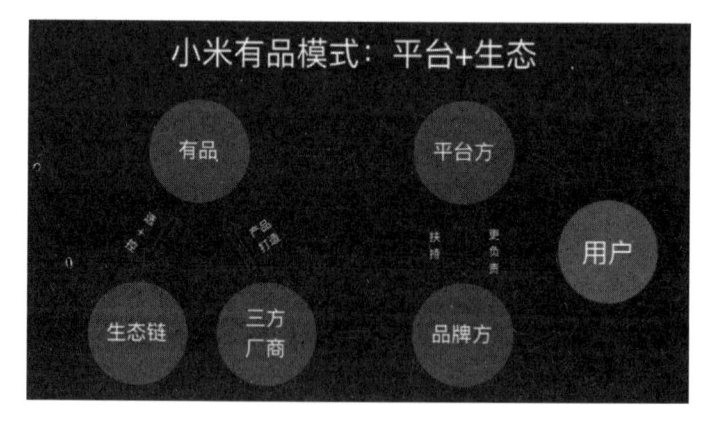

图4-2 小米有品生态模式

有了好的平台模式、通过用户口碑的传播力量，用户就可以清楚地了解小米的战略意图：进一步抢夺年轻消费者，使其聚集到自己的平台上。正是因为有了好的平台模式，借助用户口碑的传播力量，小米才取得了骄人的业绩。为了适应自己的成长速度，小米不断地提高自己的管理能力。平台模式的威力就在于此。

2. 执行层：形成核心资源创新小组

什么是创业精神呢？在混序组织内部，执行者通过创新的手段，将核心资源进行整合和有效利用，为市场创造出新的价值。创业精神是一种能够持续创新成长的生命力。创业精神对混序组织十分重要，它是企业竞争力的保证。

在混序组织管理中，90后、00后新生代员工脑袋里储藏的知识就是生产工具，他们需要的不是对公司的忠诚度，而是对自己本身专业的忠诚度。因此，新生代员工对于企业的依赖性是很低的，也最痛恨被束缚，他们更倾向于接受具有弹性、凸显个人风格的工作方式。所以，企业管理的特质要以享受管理，倡导快乐为主，业绩结果重于纪律制约。

实际上，在混序组织中，企业为了适应新生代员工管理，充分激发新生代员工的潜能，以及在工作模式中采取了革命性的创新，如谷歌总部实行弹性作息时间和自由式办公场所等，通过把握最终工作结果来管理新生代员工，而不再执着于新生代员工的考勤与工作方式。

当然，这对企业的管理水平、管理能力是一个挑战，比如，你是否具有合理安排项目工作任务、目标分解的能力，这决定了你是否有勇气和敢于让员工"自由与自我约束"，因为你要的结果是可衡量的、不能偷懒的，"偷懒"就肯定"交不了差"，所以你对是否用纪律约束过程无所谓。否则，你就只能像今天 90%以上的民营企业一样对员工实行"监管"，有一大批"监工"，这也不能不说是悲哀。

新生代员工更喜欢创意型的工作，喜欢弹性上班制度，认为只有在宽松与自由的氛围下，自己的效率才能得到更大的发挥。目前，中国不少中小企业作了这方面的尝试，尤其是创意、设计类行业。如传统企业文化要求员工做事专心，而新生代员工能够胜任多任务工作，所以一边听音乐、一边网上聊天、一边工作的文化业逐渐为部分创意型企业所接受，部分具备远见卓识的管理者已经清晰地体会到：采取弹性工作制、提供宽松的工作环境，反而能带动新生代员工的积极性，从而为企业创造更高的效益，如图 4-3 所示：

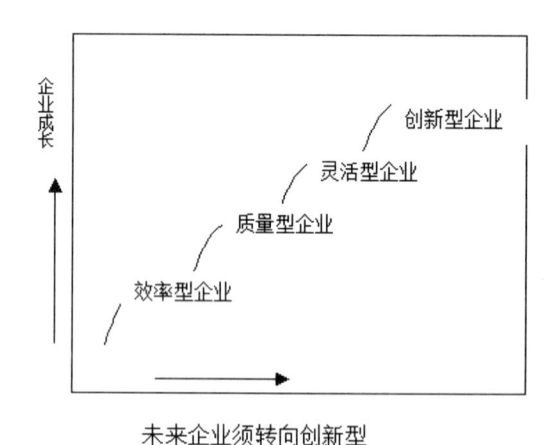

图 4-3　企业转型的方向

企业的转型起始于领导力。彼得圣吉说："领导力就是人类组织塑造未来的能力！"

然而领导力如何提升呢？在创新主导的时代，高情商、高赋能式的管理模式往往就代表着高领导力。近年来从微软、亚马逊到国内的小米与阿里，都开始专注以人为本的管理模式，尤其是在未来人口红利下降的时代，人才将是各个企业的竞争焦点，谁能运用高赋能的管理模式，更能协助人才高效工作，实现创新价值，谁就能胜出，占领市场！创新领导力将是未来组织发展，聚集人才，推动企业创新进化的关键技能。

总之，混序组织内部，要从执行层面，形成核心资源的创新小组，作为项目小组，这是非常重要的一种能力，成为企业组织成功的保障。

3. 轮摆式创新 WP 理论

企业成功创新转型的关键在于：创新战略高度×创新组织灵活度×创新资源应用=企业生命周期二次跃迁。

在轮摆式创新的理论体系中，有三阶段的推进过程，其中在管理层与执行层的介入措施又分别以创新步骤与熵减系统同时展现，下面先作简单介绍。

第一阶段：钟摆创新阶段

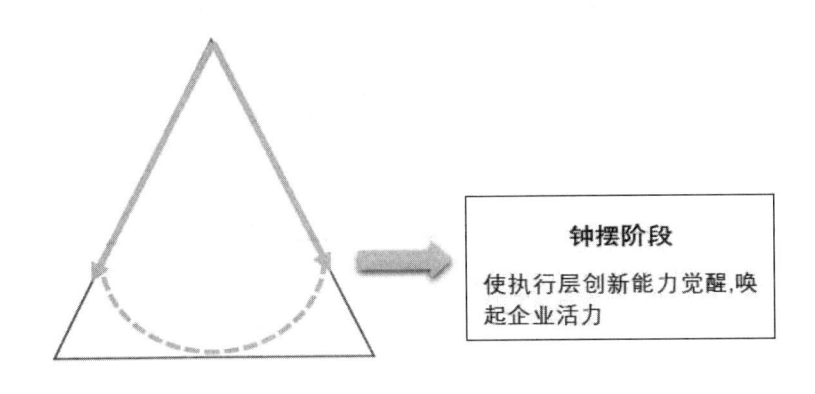

钟摆阶段
使执行层创新能力觉醒，唤起企业活力

图 4-4　轮摆式创新阶段图

表 4-1　钟摆创新阶段的介入措施和熵减策略

影响对象	介入措施	熵减策略
管理层	1. 策划组织创新战略，并成立创新战略与管理委员会以明确创新使命与愿景方向 2. 定位组织战略决定点与可支持的核心资源 3. 建立知识管理体系，并发起创新管理流程，使用各种方法，激发并收集组织成员的创新想法，打造创新氛围	开放：畅通信息管道与完善知识分享 外力支持：调整创新小组成员绩效设定方法，以 OKR 为主，KPI 为辅 信息降噪：优化组织创新管道，使大家的想法可以自由表达，勇于表达 流程智能化：搭建数字化共创平台，加速项目推进效率
执行层	1. 征集与挑选组织创新想法，在经过创新管理机制分析后，产出符合组织创新战略的相关提案 2. 编整具胜任力的创新人才进入创新小组，开始推动流程 3. 或是发起创新大赛并直接将优胜项目编组	

第二阶段：耦合创新阶段

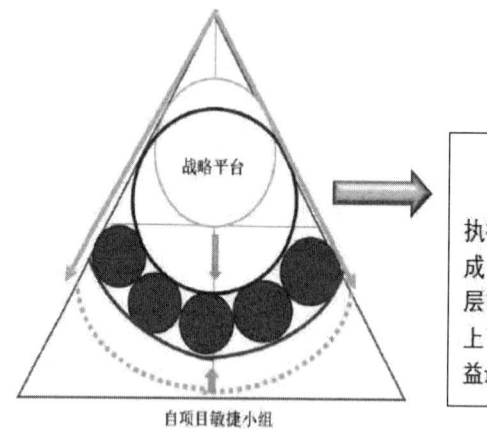

耦合阶段

执行层产出创新成果并形成自项目敏捷小组，管理层转型为战略资源平台，上下进行耦合共创，使效益最大化！

图 4-5　耦合式创新阶段图

如何进行轮摆式创新组织转型　PART 4

表 4-2　耦合创新阶段的介入措施和熵减策略

影响对象	介入措施	熵减策略
管理层	1. 与创新小组共创里程碑目标，并设计对应绩效指标与激励方法 2. 要求在三个月到半年之内产生 MVBP，具有市场盈利潜在能力，否则将项目进行暂缓 3. 给予小组所需的资源支撑，并且提供专利，创新辅导方法与专家	开放：创新战略委员会与小组成员定期沟通，确保所有问题可以在第一时间显现 外力支持：小组成员保持及时相互反馈机制，互为教练，彼此支持，可适度使用 NVC（非暴力沟通流程）加速合作效能
执行层	1. 明确小组成员各自职责以及各个细部任务提交时间点 2. 定期进行敏捷与迭代会议 3. 尽可能将任务可用资源最大化，并且与内外部用户建立对话通道，确保小组成果的有效性	信息降噪：持续关注外在市场与环境最新变化，客观分析对创新项目的相关影响，做好及时迭代的反应力 流程智能化：有效应用精益创新流程，在最短时间、最低成本下，产出有价值的项目成果

第三阶段：轮摆创新阶段

轮摆阶段

自项目逐渐成熟,与母公司管理平台中心共生共荣,产生裂变式发展,并产生利益循环.

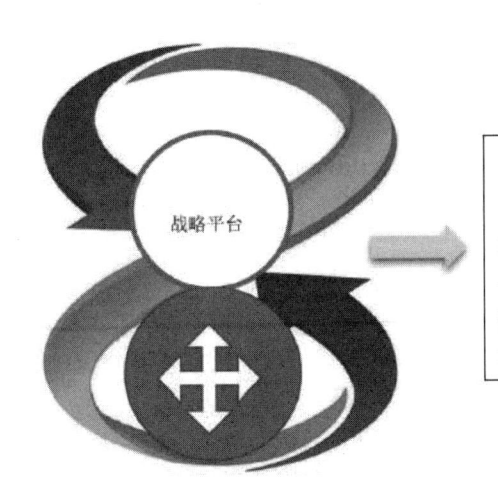

自项目敏捷小组

图 4-6　轮摆式创新阶段图

表 4-3 轮摆创新阶段的介入措施和熵减策略

影响对象	介入措施	熵减策略
管理层	1. 转化成功创新小组为正式编制部门，建构成员奖励机制（如：配予期权或是给予奖金或主导权） 2. 对成功项目进行宣传，并加大创新小组设立数量 3. 持续赋能知识管理平台，激活全员参与创新想法并提供案例沉淀	开放：持续关注行业动向，并且探寻跨界突破机会，将项目成果再次放大；项目如果没有成功，虚心总结项目经验，与大家分享，回归原部门后再接再厉，积极参与下次可能的创新项目 外力支持：提供成功小组成员企业外部（不限于中国）参访，持续扩大眼界，并争取更多可用资源，为新创项目赋能。打造或强化企业内部的专利体系，巩固创新核心竞争力
执行层	1. 产出成功项目流程，并主动在知识平台进行分享 2. 持续对项目进行成果迭代，以打造用户高满意度 3. 小组成员成为组织内部创新教练，协助其他新兴项目快速成功	信息降噪：建立企业内部创新知识图谱，并且运用对应的知识卡片，快速的复制成功能力 流程智能化：打通企业外部与内部数据，以用户需求为中心，持续提升组织内部创新流程，追求领先创新地位

轮摆式创新理论，旨在帮助组织进化。

首先要有卓越的战略能力，帮助企业梳理组织发展的战略、目标与瓶颈，帮助企业搭建高效的创新战略资源系统。

其次，创新小组的内部深度应用成熟的创新方法工具，以用户为中心，对项目产出不断地迭代升级。

再次，多维度流程为员工赋能，激发员工潜能，提高组织创新能力，进而达到组织知识成长，流程重构，降本增效的效果。

最后，员工创新思维的打造，主要用来带动全体人员的创新意识和思维进化，强化底层竞争能力，激活所有个体，加大创新产出。下节我们将向你介绍轮摆式创新理论三个阶段的详细内容。

二、轮摆式创新三个阶段

创新的主体是企业组织，是一种经济行为，其目的是获取潜在的利润，市场实现是检验创新成功与否的标准。创新者不是发明家，而是能够发现潜在利润、敢于冒风险并具备组织能力的企业家。

混序青色组织创新联结了技术与经济，是将技术转化为生产力的过程。创新是一个综合化的系统工程，需要企业中多个部门的参与合作。在此基础上，我发明并不断完善轮摆式创新理论体系，包括三个阶段的推进过程，其中在管理层与执行层又分别以创新混序策略与双AI策略推进，如图4-7所示：

图 4-7 轮摆式创新三个阶段的推进

拿全球企业的寿命来看，美国企业平均 40 年，日本企业平均 13 年，中国企业平均 5 年。原因出在哪里？创新——是企业生命的本源！那么，如何推进组织创新呢？

轮摆式创新的推进方法，如图 4-8 所示：

第一阶段：钟摆创新

唤醒执行层创新能力，激发企业活力

第二阶段：耦合创新

执行层产出创新成果并形成混序化青色小组，管理层转型为战略资源平台，上下进行耦合迭代，使效益最大化

第三阶段：轮摆创新

自组织项目逐渐成熟，与母公司管理平台中心共生共荣，产生裂变式发展与利益循环

图 4-8 轮摆式创新的推进方法

自 20 世纪 90 年代开始，互联网被引入中国，"复制"就成为很多中国互联网企业典型的特征之一。早在 2005 年 7 月，Myspace 被新闻集团以 5.8 亿美元收购后，国内随之涌现出 20 多家模仿的互联网企业。

无独有偶，Youtube 以 750 万美元创业，两年内便创造了 16.5 亿美元的价值，国内类似的视频网站也在一夜之间多出数百家；而随着美国三维虚拟网络社区"Second Life"大行其道，国内同样概念的新兴网站也不胜枚举。

相比创造一种新的盈利模式的投资风险、研发投入和运营难度，将已有的成功模式全盘复制无疑是一种"小投入，低风险"的捷径。或许正应了那句古语"橘生淮南则为橘，橘生淮北则为枳"，追随者虽众，"大产出，高盈利"者寥寥无几。

只有创新才能生存，而创新并不仅仅局限于技术和盈利模式的创新。可以说，在任何事情上，企业都要独辟蹊径，找到与众不同的道路。

1. 钟摆创新阶段：唤醒执行层创新能力，激发企业活力

当下，我们常常听到一个词语——文化管理。那么，文化管理是怎么和创新产生关系的呢？

我们通过案例来看："文化洗脑"为什么会是小米公司独特的标签？

去过小米公司的人都知道，在你刚踏入十二层的时候，映入你眼帘的并不是长长的走廊、白白的墙壁或者是企业宣传语等，而是一面照片墙，墙上贴着小米公司2011年的员工照片。当然，现在小米公司如果还要把员工照片贴上去的话，恐怕就不是一面墙了。

小米公司的工作氛围很轻松，不仅有照片墙，还有"屌丝"墙，有业余自玩的赛车模型，有很萌、很可爱的米兔贴画，还有随处乱放的小米奖杯。国外有居里夫人视奖杯为粪土，国内有小米公司视奖杯为"凡物"。

小米公司推崇"以人为本，智能生活"的人文管理。小米公司的员工可以不用小米科技的产品，没有太多纪律的约束，甚至工程师在累了的时候，还可以在办公室内玩玩小赛车。企业内部实施的是小分队策略：一个领导人手下有一个团队，团队里面又分成了好几个小分队，在做事的时候，各个小分队之间几乎是完全割裂的，互不干涉，给予工程师很大的创作自由。

此外，青春活力又被小米公司演变成了酷玩、热爱，进而形成了小米公司的另类文化。在小米网办公区的中心，有一个很大的滑梯。当在三楼谈完事情后，员工们就可以直接乘坐滑梯到达一楼，不仅比电梯快，而且还更为有趣。

从上述种种可知，小米公司的企业文化氛围并不是传统意义上的严肃、古板、单调，而是充满了人文气息，形成了一种具有活力、青

春创造力的五彩缤纷的工作空间。

企业文化虽然无形，但是它不是一个说不明道不清的东西。就像我们吃馒头的时候不会想到水，但是没有水，面不能凝结，馒头也做不出来。水对于企业而言就是价值观、学习氛围等无形的东西，概括起来就是企业文化。企业文化渗透在企业的每一个环节，虽然无形，但是起着至关重要的作用。企业的一切，靠的就是文化的凝结。

（1）钟摆阶段的创新：愿景驱动

钟摆阶段创新的第一个阶段，正是与企业文化密切相关的，如图 4-9 所示：

图 4-9 轮摆式创新钟摆阶段

钟摆阶段原则：利益驱动 → 使命驱动。而使命正是企业文化管理的范畴。亚马逊>书。亚马逊的使命："成为地球上以顾客为中心的网络商店，人们可以在上面找到任何他们想要买的东西。"于是，超过 200 万第三方卖家和亚马逊合作。这就是文化创新的巨大力量。

- 个人使命与组织社群使命连接，共振；
- 个人使命与角色使命连接，共振；
- 个人之间的使命连接，共振；

- 组织/社群之间的使命连接，共振；
- 混序组织的架构设计中，圈子内角色的使命需要贡献于圈子使命，子圈子使命需要贡献于主圈子使命，如图 4-10 所示：

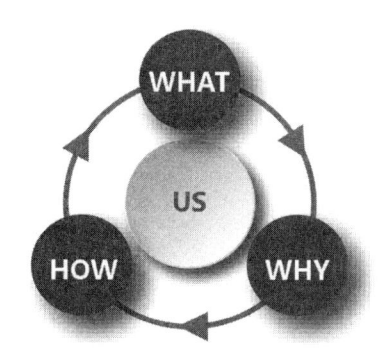

WHAT
使命（Purpose）就像组织的指南针，指明整个组织未来的方向

WHY
一艘不知道方向的船，无论怎么努力航行都遇不到顺风

HOW
个人与组织使命同频共振

图 4-10　轮摆式创新使命驱动

美国著名管理专家查理·E. 史密斯著有《梅林法则：领导与战略意图》，书中梅林法则所要强调的是：唯有"组织文化"才能赋予企业强韧的生命力，从而产生从传统延续到未来所需要的智慧。个人和职场上的领导力起始于一种想要创造未来的使命感，虽然展望的动作是当下，但是你对自己的未来所做出的选择才是最重要的，它的重要性是基于了解自己过去和当下的能力。

愿景与目标不同，目标是清晰的、看得见的，是可以通过努力实现的。虽然愿景也必须是清晰的，但愿景更多的是一种内心的愿望，是一种驱动力，是人们愿意通过实践、追求来达到的某一种境界。

理论上讲，任何一个组织都需要一个愿景，否则这个组织就缺乏凝聚力，更缺乏持久的战斗力。比尔·盖茨的愿景是"使每一个人桌上都放置一台电脑"，亨利·福特的愿景是"使汽车大众化"，这些愿景都非常形象生动。福特还进一步表达了他的愿景："我要为大众生产一种汽车……它的价格如此之低，不会有人因为薪水不高而无法拥有它，人们可以和家人一起在上帝赐予的广阔无垠的大自然里陶醉于快乐的时光……"

钟摆阶段的目的：促使全员个体觉醒，追求共同使命，如图 4-11 所示：

图 4-11　钟摆式创新的目的

如果你墨守成规，等待你的只有失败；如果你稍微动一下脑筋，对传统的思维方式，进行一番创新，就有可能获得成功。我们必须具有创新意识，要能够根据实际情况与形势变化而采用不同的战略，这样才能增加取胜的筹码。

（2）轮摆式创新的预备工作

轮摆式创新第一阶段的预备工作：在原来的组织内，创造虚拟结构可以有更大的生存和成功率。如图 4-12 所示：

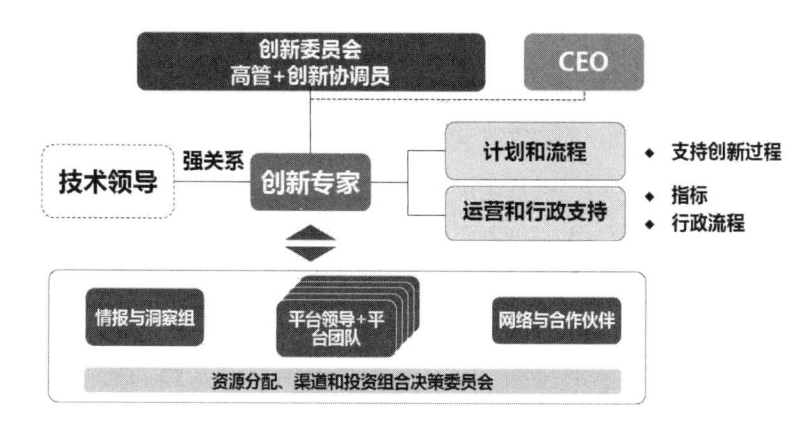

图 4-12 轮摆式创新的预备工作

无论是怎样的特定结构，有明确的授权、明确的目标和创新组织的权威性都是至关重要的。创新委员会目标和权限管理可由 CEO 亲自主导，建立一支权力下放的、独立的、集权控制、自上而下的、协作的、基于团队的虚拟组织。

例如，一家石化公司发起了一个创新委员会来协调研发和业务目标，如表 4-4 所示：

表 4-4 某石化公司调查表

某石化公司：创新委员会	
由一群技术和业务负责人组成，他们负责领导和推进高效的研发、技术和创新工作，以推动股东价值提升	
目　标	授　权
建立和实施一个强有力的创新愿景和战略： • 创建和实施一系列高优先级的行动 • 创建强大的、高度一致的创新平台和引擎 • 管理投资计划，以支持创新策略，使创新发生、可运作、可持续 • 制定协调一致的创新指标和积分卡	• 负责产品的创新愿景及策略 • 监控及管理相关的创新组合及管道 • 向高管委员会建议创新资源配置及投资优先级 • 建议关键的创新方案和行动时间表，推进项目成果的成功和加速

续表

目　标	授　权
• 建立创新能力，减少创新障碍 • 在组织内宣传推广创新 • 确保有效的跨业务研发管理，驱动一个协作的、与合作伙伴结盟的方式，实现跨部门、职能孤岛及外部合作伙伴的创新 • 清晰界定在委员会及高管团队中的创新角色和职责 • 沟通并分享最佳实践	• 建议并监控创新业绩的考量、指标及积分卡 • 设计、建议并发布展示创新组织（包括委员会及网络） • 人名平台、委员会及网络负责人 • 推动外部合作及核心业务活动 • 推动并实施技术及研发管理的业绩及流程改进

创新专家可能是管理组织中反对创新力量的一个好方法，如图4-13所示：

理想情况下

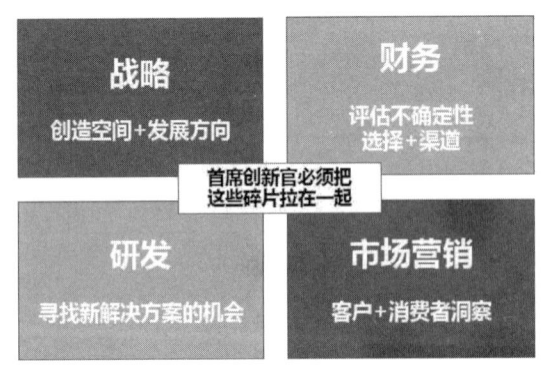

战略 创造空间+发展方向	财务 评估不确定性 选择+渠道
研发 寻找新解决方案的机会	市场营销 客户+消费者洞察

（首席创新官必须把这些碎片拉在一起）

图4-13　创新专家

商业功能主导创新的常见陷阱：

战略：人们被培训成只基于确凿的事实和数字做决策，只追逐已被证明的机会；目标设置是基于预算而不是扩展目标。

财务：通过使用例如投资回报率、投资回收期等财务指标筛选点子，从而发挥创新关卡的作用；思维范围受到预算约束。

市场营销：由于专注于短期可见的结果和现有客户的需求，倾向于坚持渐进式变化；不擅长识别未满足的客户需求或产生突破性的想法。

研发：追求永无止境的卓越技术，在许多情况下忽略了市场化；可能脱离与客户的连接而对产品过度设计，并失去商业化的最佳时机。

创新专家负责通过有效利用创新流程、系统和工具来推动公司的增长和价值，如表4-5所示：

表4-5 创新专家负责情况表

职责、指标和可展示的结果	责任、任务和潜在的流程
• 优化整个管道和投资组合价值的新业务增长和（或）新产品收入 • 创新驱动运营绩效提升 • 实现创新相关的资本支出目标 • 股东价值 • 创新合作伙伴关系的成功 • 企业平台倡议的整体成功 • 创新团队的有效利用、确定规模和构成 • 创新资源的士气和文化	• 向最高管理层描述创新 • 确定、建立和推动企业平台的倡议 • 引导指导创新策略和能力（平台）决策 • 领导、激励和指导员工（包括直属下级和全体员工），以达成一致确认的计划和目标 • 公共关系与沟通 • 与其他高级管理者和组织进行对接和谈判，以获得对目标、战略、流程、人员和组织的承诺和协议 • 识别、选择、谈判并参与交易

监督创新过程成功执行的计划和流程，如表4-6所示：

表 4-6 监督创新过程成功执行的计划和流程

目　标	机　制
• 实施和管理所有的创新流程（包括阶段/关卡、组合管理和点子管理） • 协助创新委员会将创新策略和企业经营战略保持一致，并参与技术规划 • 实施创新指标体系，监控整体创新绩效，展示对公司的价值 • 协助创新委员会进行创新流程的培训，并获得组织承诺 • 协助创新委员会管理外部关系，包括充当企业并购中技术部分的对接人 • 与创新委员会和其他人一起工作，共同识别和管理技术能力	定期与创新委员会碰面 • 审视整体创新组合及规划决策 • 审视创新产生的最低限度的影响 • 确定所需支持 应需会面，以解决冲突和其他关键问题
	权　限
	• 有权作平台决定以提高性能（如项目研究、投资组合管理） • 有权解决创新组织中的资源分配问题
	职　责
	• 提高渐进积累的收入，节约成本，以及跨平台行动所直接产生的其他价值 • 改善和保持公司的可测量（强度）技术和创新地位

运营和行政支持有效地保障和维持创新组织的管理流程，如表 4-7 所示：

表 4-7 运营和行政支持有效地保障和维持创新组织的管理流程

目　标	机　制
• 协助规划与创新流程经理管理有关正式组织和网络化组织的行政流程 • 预算管理 • 招聘和人员配置 • 业绩审查 • 奖励和薪酬计划	与 PPM 每周碰面 • 检查能力发展和相关培训的进展 • 检查资源部署 • 检查关键的行政问题 • 确定所需支持
	权　限
	• 有权作出与创新组织有关的行政决策 • 提出解决分配问题的解决方案

续表

目 标	职 责
• 与创新委员会和其他人一起共同识别和管理技术能力 • 管理正式和非正式的创新组织培训计划 • 资源部署和分配	• 公司创新组织（包括人员使用）的高效运作 • 提高和保持公司在战略能力上的可衡量的（优势力）地位 • 遵守预算和人事合同

圈层团队每天致力于推动创新和增长举措，如表 4-8 所示：

表 4-8 圈层团队每天致力于推动创新和增长举措

	圈层创新专家	圈层成员	圈层赞助者
他们是如何任命的？在任时间持续多长？	创新组织与部门协商或由创新委员会任命 持续时间：2个完整创新周期	创新组织与部门协商 持续时间：目前仅限于平台试点培训期间 建议：1个创新周期	执行委员会成员 创新委员会成员 持续时间：平台存续期间以及各自所在委员会任职期间
他们对当下职责的时间承诺和影响是怎样的？	第一个周期内全职投入 第二个周期内部分时间投入	一个创新周期的部分时间	1天/月
他们的角色和具体任务是什么？	◆ 不断增长和推进创新组合 ◆ 支持和监督已批项目的实施 ◆ 延伸网络平台 ◆ 辅导平台成员 ◆ 确保计划完整实施	◆ 在创新过程的任何阶段为平台领导者提供支持 ◆ 对整个组织进行沟通和指导	◆ 提供平台资源 ◆ 激励平台团队 ◆ 在委员会会议上支持平台 ◆ 提高平台能见度
他们的工作如何被考量？	目前无详细考量指标 创新领导应在创新委员会工作的基础上确定考量指标	目前无详细考量指标 创新领导应在创新委员会工作的基础上确定考量指标	创新领导应在创新委员会工作的基础上确定考量指标
如何匹配他们的个人发展计划？下一步会是怎样？	◆ 职位是个人发展计划中的选择 ◆ 成为项目负责人的机会 ◆ 公司创业方面的培训 ◆ 创业指导	◆ 职位是个人发展计划中的选择（非执行人员还不是） ◆ 成为项目负责人的机会 ◆ 公司创业方面的培训 ◆ 创业指导	创业指导

（3）轮摆式创新：第一阶段成果

识别和组织公司的遗漏价值与业务洞察，呈现在商业机会图中，将有助于你找到新的领域来创新。

从一系列的来源确定趋势、零碎想法和见解。潜在来源包括消费者、客户、员工、专家、监管、竞争对手、合作伙伴、供应商、技术、其他行业和市场等。

这种方法植入从概念到客户的过程中，多重系统用来接触大量员工并覆盖整个企业，收集了大量零碎想法，如表 4-9 所示：

表 4-9　轮摆式创新阶段

类型	描述	例子
不断进行的智能与行业洞察收集	组织内的团体集中在明确的问题、机会或威胁上	◆ 客户洞察组 ◆ 竞争情报 ◆ 其他
基于事件的点子搜集和管理	征集和收集组织内部、外部想法的工具和系统	◆ 群发电子邮件 ◆ 调查 ◆ 众筹 ◆ 点子管理系统（例如Imaginatik）
聚焦工作坊	跨部门团队，使用多种工具和方法来解决具体问题	◆ 情景规划 ◆ 技术路线图研讨会 ◆ 战略发展 ◆ 思维能力+概念发展

利用组织中的未捕获价值。"捕获价值"被定义为可以被捕获但尚未捕获的潜在价值，包含了四个要素：价值受损、价值遗漏、价值剩余和价值缺失。

- 价值剩余：存在但不必要的价值。
- 价值缺失：必要但不存在的价值。
- 价值遗漏：存在且必要，但未被利用的价值。
- 价值受损：具有负面影响的价值。

未捕获价值的发现需要分析产品生命周期。产品的生命周期可分为寿命初期（BOL）、寿命中期（MOL）及寿命末期（EOL）。寿命初期是设计和制造产品的时期，寿命中期是当产品被分发和使用的时期，寿命末期是当已使用产品被再加工和处理时期（例如，再循环、再利用、再制造）。

在传统的制造商的商业模式中，由于销售产品是它们的主要收入来源，因此通常关注寿命初期的价值创造。产品服务系统的本质是将制造商和客户之间的价值转换为从寿命初期到寿命中期，甚至寿命末期，由此给寿命中期和寿命末期的价值创造带来更多机会。

例如，PSS（Product Service System，即产品服务系统一体化）使制造商能够从服务中获得长期利润，允许在使用中获取数据，并提高产品的使用率。因而激发了制造商在 MOL 和 EOL 期间创造价值并发现新的机会。

生命周期被视为以全方位发展可持续产品服务系统的一个基本概念。其力求通过减少资源使用和整个产品生命周期的环境影响，找出提升商品和服务的解决方案。

产品服务系统一体化被认为是具有高潜力实现可持续生产和消费的商业模式。

PSS 商业模式在先进制造行业已实施，例如在汽车工业及石油和天然气工业。

有一些公司，如 GE，IBM 和 ABB，已从 PSS 商业模式中获得了很大一部分的收益。

劳斯莱斯已经转向通过 PSS 来提供"全方位护理"服务模块，而且按小时计算，已占航空航天业服务收入的 50% 以上。

施乐已从一家"复印机制造商"转换为一家"文档服务公司"，从而通过减少物资投入，节省了大约 2700 万美元。

在钟摆阶段，借由挖掘企业的遗漏价值，打造产品服务一体化系统，可以帮助大部分的传统企业能够搭建内部创新平台，给予员工加以运用的资源，进而催生内部创新的企业文化，支持员工开始投入创新工作，使企业能够加速进入全员创新的良性状态，推动组织加速生长创新的混序小组，尽早进入耦合阶段。

2. 耦合创新阶段：上下进行耦合迭代，使效益最大化

互联网时代，科技的进步带来的是产品的迅速更新换代。互联网时代，人们常说迭代思维，这是针对用户的反馈意见，以最快的速度进行调整，并通过耦合的手段来创新产品和服务。

轮摆式创新：阶段式赋能组织升级

在当代商业竞争中，客户需求快速变化，因此速度比质量更重要，不追求一次性满足客户的需求，而是通过一次又一次的耦合迭代，不断完善产品和服务，才能在市场中站稳脚跟。

创新耦合阶段是轮摆式创新的第二个阶段，如图 4-14 所示：

图 4-14　轮摆式创新第二阶段

耦合需要战略指标与激励支持。混序青色组织内部，尤其强调战略是企业存活的大事，因为一切以有利于企业发展为目标。

这一点传统企业的管理者或领导者很难做到，往往都是根据自己的想法决定企业接下来的发展。那么，企业管理者应该如何突破自我意识，抛开自己的想法，发现企业最佳的发展方式呢？如图 4-15 所示：

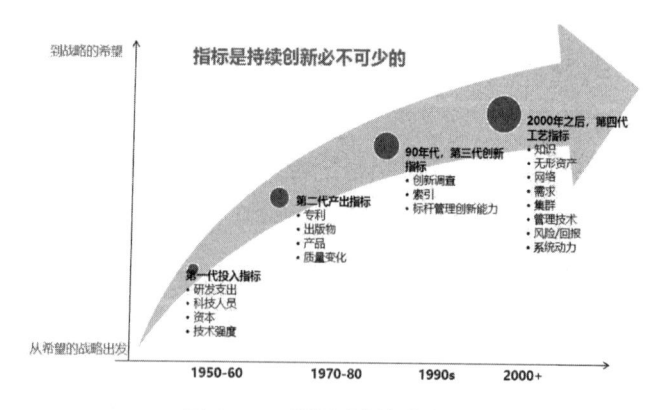

图 4-15　轮摆式创新指标更新

此时，内部指标（结合领导力）必须鼓励一种为试验和学习创造空间和时间的文化，帮助企业员工得以快速成长，持续迭代自家的产品与服务，如图 4-16 所示：

图 4-16　轮摆式创新内部指标文化

良好的创新指标通常与创新绩效和能力的三大关键要素相平衡，如图 4-17 所示：

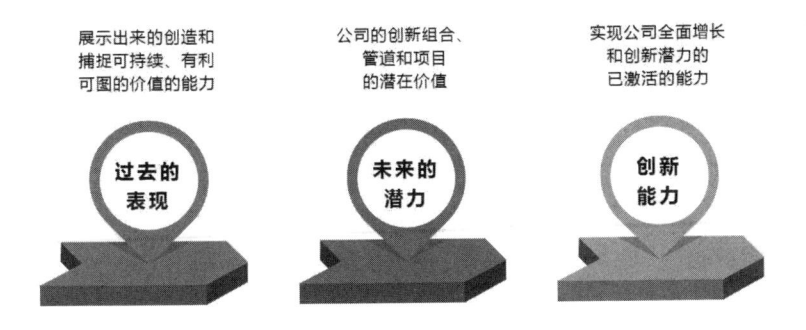

图 4-17　良好的创新指标

创新指标系统也应该是推动企业中创新理念从概念到商业化、驱动高绩效创新成果的关键流程与选择方法。创新战略组合管理流程便是一套卓有成效的指标衡量方法，如图 4-18 所示：

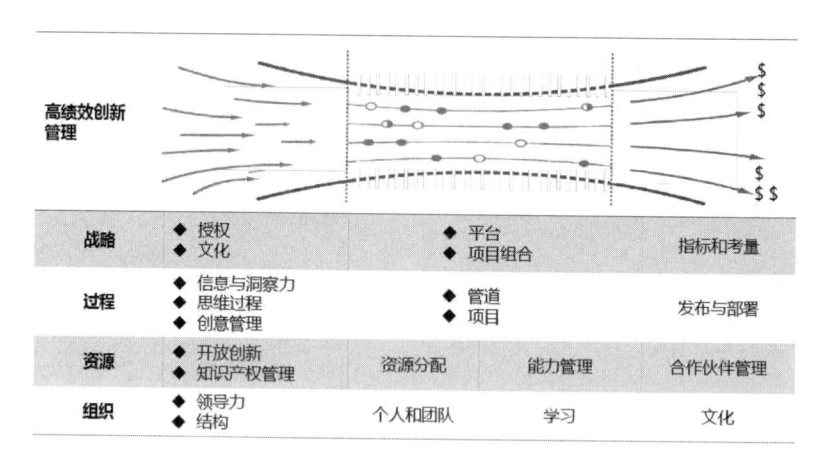

战略	◆ 授权 ◆ 文化		◆ 平台 ◆ 项目组合	指标和考量
过程	◆ 信息与洞察力 ◆ 思维过程 ◆ 创意管理		◆ 管道 ◆ 项目	发布与部署
资源	◆ 开放创新 ◆ 知识产权管理	资源分配	能力管理	合作伙伴管理
组织	◆ 领导力 ◆ 结构	个人和团队	学习	文化

图 4-18　创新战略组合管理流程

战略组合管理是使项目和战略保持一致的关键，是项目中期调整以满足业务目标的关键。在执行中必须时刻留心下列问题：

- 我们有全部创新项目和行动的完整清单吗？
- 项目的特点有没有充分地表示出来以帮助大家理解他们对业务和创新策略的影响？
- 从关注领域、阶段、类型、风险/回报和时机角度考量，这个投资组合恰当且平衡吗？
- 我们是否对每个项目给予了恰当的资源和投资水平？
- 有没有我们应该加速、减速或毙掉以增加整体投资组合价值的项目？
- 收入预测足以填补增长差距吗？各地区有按基准实现增长率吗？

另外，在选择指标时，也需要考虑到意外结果的可能性，如图 4-19 所示：

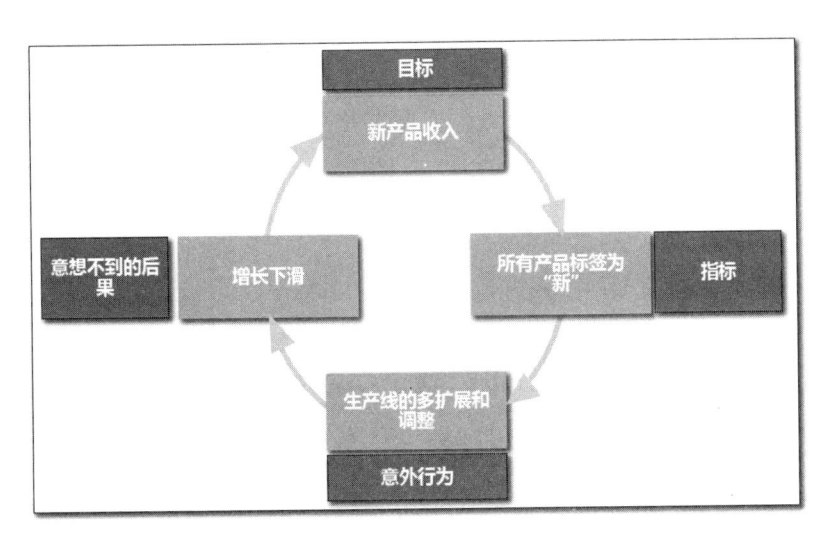

图 4-19 轮摆创新指标意外结果的可能性

在选择指标时，受众也是一个重要的考虑因素。选择指标的一个重要考虑因素是要认识到组织的不同层级需要不同程度的可见度。创新指标有许多不同的潜在受众，其详细程度需要平衡。

创新指标必须涵盖所有的关键领域，但应局限在可少量管理的范围内：

- 广泛
- KISS（keep it simple and easy，即越简洁有力越好）
- 只使用几个重要指标
- 把创新看作一个端到端的整体过程
- 创建指标来衡量进展，但把它们用于比较用途
- 在确定指标时请关键利益相关者参与
- 包括至少一个或两个客户驱动的指标
- 使用连续反馈循环来评估进展

奖励/认可系统是触发创新的关键：建立整个组织的激励奖励制度；为成功提供可见的支持和公众认可；奖励制度应强化期望的创新文化；

为持续创新建立长期的奖励机制；奖励跨职能创新团队，不只是个人；树立主人翁心态，调整个人目标使之与组织目标一致；奖励"最能跳出沙池"的想法，不只是"最好"的想法；从外部获得的奖励创新；在进行奖励时平衡日常工作和创新努力；高度奖励完成一个商业计划或原型的开发；奖励的大小与创新带来的收益成正比；物质激励和非物质激励相结合；对创新者进行认可，把他们定位为榜样。

中心化价值分配 → 分布式价值分配，如图 4-20 所示：

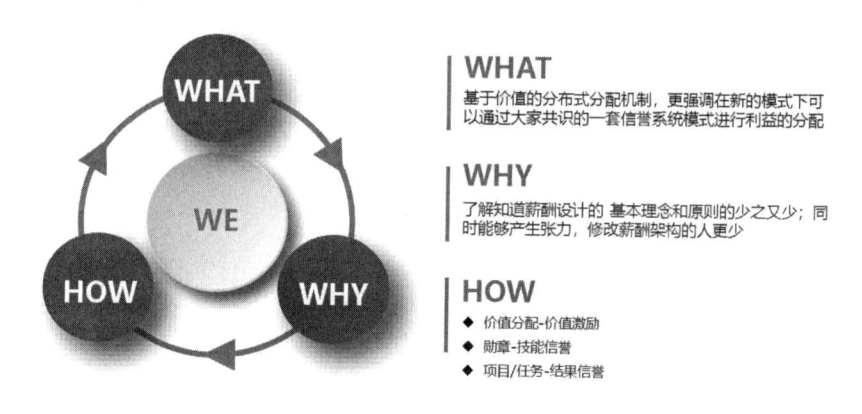

WHAT
基于价值的分布式分配机制，更强调在新的模式下可以通过大家共识的一套信誉系统模式进行利益的分配

WHY
了解知道薪酬设计的 基本理念和原则的少之又少；同时能够产生张力，修改薪酬架构的人更少

HOW
- 价值分配-价值激励
- 勋章-技能信誉
- 项目/任务-结果信誉

图 4-20 分布式价值分配

创新被视为一个端到端的学科、一个完整的流程。建立长期的创新举措，涉及整个组织。创新指标已经发展到考量商业回报、网络、知识、系统动力和其他的无形资产。

创新指标必须涵盖所有的关键领域，但应局限在可少量管理的列表内。使用领导和学习指标，而不是在线和滞后指标。颠覆式创新奖励那些"最能跳出沙池"的想法，渐进式创新则奖励"最佳"的想法。

领导支持和文化是持续创新的关键，为成功提供可见的支持和公众认可。记住不要惩罚冒险。

借由框架和系统，通过训练有素的创新执行以推动卓越的成果：

评估和考量卓越创新和领导力的结果；提高创新执行关键驱动力的有效性；考核和指标相关的行动；用一个可以对接有效指标的可行方式来落地关键战略创新目标；用关联到具体个人或团队职责的方式来实施战略举措。

轮摆式创新的第二阶段的案例，如图 4-21 所示：

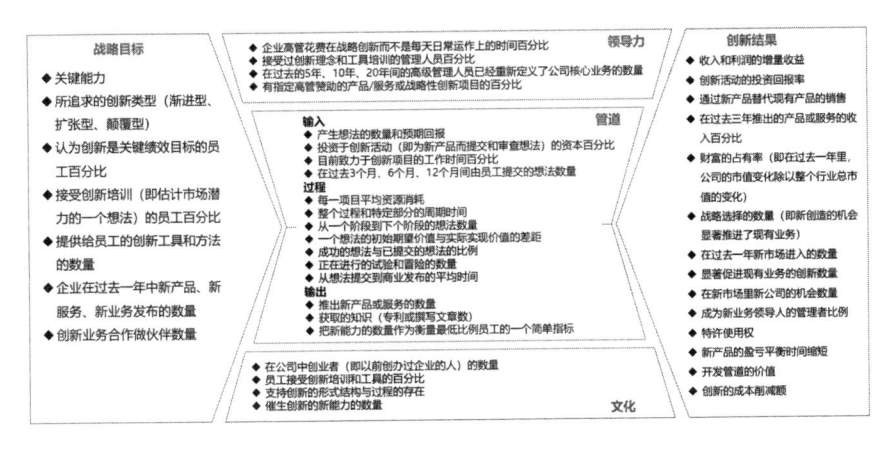

图 4-21　在 IXL 框架里的指标

3. 轮摆创新阶段：自组织与平台共生共荣，裂变发展利益循环

在"互联网+"时代，用户的需求变化越来越快，越来越难以捉摸，单靠企业自身所拥有的资源、人才和能力很难快速满足用户的个性化需求，这就要求打开企业的边界，建立一个更大的商业生态网络来满足用户的个性化需求。通过平台以最快的速度汇聚资源，满足用户多元化的个性化需求。所以，平台模式的精髓，在于打造一个多方共赢互利的生态圈。

互联网巨头的组织变革，都是围绕着如何打造内部"平台型组织"。包括阿里巴巴 25 个事业部的分拆、腾讯 6 大事业群的调整，都旨在发挥内部组织的平台化作用。

青色组织轮摆式创新第三阶段：轮摆阶段自组织与平台共生共荣，产生裂变式发展与利益循环，如图 4-22 所示：

图 4-22　轮摆式创新第三阶段

轮摆式创新的平台流程：激发员工潜能和创新想法，让他们自发创立项目，设定目标，自我管理，自我实现。让活跃的能量有序地、自主地创造新的价值。

轮摆阶段的创新创业涌现，如图 4-23 所示：

图 4-23　轮摆阶段的创新创业涌现

案例：芬尼克兹—项目化内部创业平台

项目孵化创业：从企业内部孵化出完全创新的产品或新兴事业，因为它兼具中心化企业的决策、资源、能力和执行力的优势，和互联网时代的去中心化的平等、共享、创新、联动的基因，这就是为什么把项目化组织称为互联网时代的组织管理创新的根本原因。

内部创业项目大赛，有野心、有能力的员工都可参赛，高管用钱投票，获胜员工做新项目公司股东。

新的项目公司，竞选项目总经理者必须出资 10%，创业团队持股 40%，公司持股 50%。

在两年时间内，通过项目孵化出了七家新公司，每家都盈利。

轮摆式创新的总结与延伸应用，如图 4-24 所示：

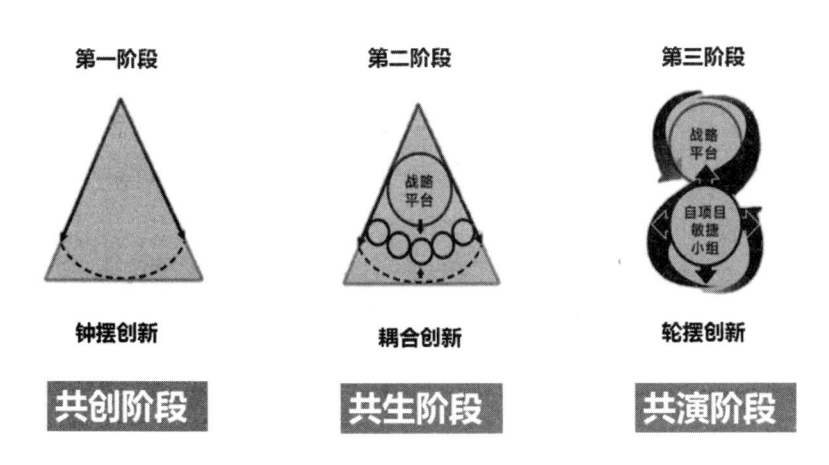

图 4-24 轮摆创新三个阶段

轮摆式创新演进的过程中，可以将第一阶段的钟摆时期视为组织的共创时期，第二阶段的耦合时期视为共生时期，第三阶段的轮摆阶段视为共演时期，而国内目前完整的走完这三个阶段的组织则可以蘑菇街以及云集作为成功案例，如表 4-10 所示：

表 4-10 轮摆创新演化

阶段			蘑菇街				云集	
共创	平台治理		为应对生态间竞争，淘宝吸引外部导流主体进入			平台治理	淘宝为发展综合电商平台，拓展业态，吸引各类商家入驻	
	企业战略		拥抱平台：淘宝平台第一批第三方导流社区	√		企业战略	拥抱平台：2003年5月淘宝成立，12月肖尚略创立小也	√
			快速做大：三年时间成长为最大的两家之一	√			快速做大：小也发展为三金冠淘宝店	√
共生	平台治理		流量是淘宝核心资源，具备市场势力，加强对导流社区监管			平台治理	淘宝应对消费升级，和头部卖家合作培育品牌，建设天猫商城	
	企业战略		率先布局：蘑菇街对淘宝加强导流监管的判断迟缓	—		企业战略	率先布局：快速响应淘宝商城建设，布局品牌化发展	√
			互补创新：蘑菇街单方能力提升，缺少与淘宝的协作	—			互补创新：利用淘宝政策扶持，共同开发海品牌"素野"	√
共演	平台治理		淘宝社交和内容电商子生态打造缓慢，微信为发展综合平台生态，允许和鼓励商家进入			平台治理	淘宝社交和内容电商子生态打造缓慢，微信为发展综合平台生态，允许和鼓励商家进入	
	企业战略		洞察新机：未能把握微信社交电商快速增长机遇	—		企业战略	洞察新机：超前于淘宝，敏锐洞察到微信社交生态机遇	√
			生态多属：商业模式未能迭代适应微信社交生态	—			生态多属：布局微信生态，快速开发社交电商运营模式	√

三、轮摆式创新组织转型"过五关"

企业决策者在选择组织变革时机时，要考虑战略是否发生了调整或转型，只要发生转型，就必须进行组织结构调整和人事更迭，让那些阻碍变革的人员调离。组织变革可能"受伤"，但是战略转型而组织不变革，带来的不仅是"受伤"，而且极有可能是"死亡"。

轮摆式创新组织结构变革，变什么？如果说，组织是否变革依赖于战略是否转型的话，那么，组织变革什么，就取决于战略转型的内容了。一个基本的逻辑是：组织变革一定是围绕战略而展开，并与战略目标保持一致的。

1. 理念认同

加强组织变革与转型，第一关就是"理念认同"。

所谓理念认同，发起人身先士卒，并争取管理决策层支持，并适当借力咨询公司来协助组织变革。

企业最高领导者是影响组织变革能否成功的最关键因素之一。无论哪种形式、何种程度、多大规模的组织变革，都会对组织中的每个人产生不同的影响，有的人甚至因为变革而失去地位或利益，所以，不同层级的人对组织变革的看法和接受程度都会不同。这时，就需要管理者进行必要的转型引导，对组织正在或将要发生的事情提供答案。

当前，互联网影响各行各业，社会面临的组织变革是一场深刻的革命，将导致一个组织最本质的变化，因此也是最劳神、最痛苦的。由于变革成果的不确定性，以及资源重组所导致的变革阻力可能足以抵消变革的愿望和热情。因此，作为组织变革的指挥者——企业最高领导者，需要通过对变革的"导航"来控制和实现变革。

我们举一个例子：

作为一家民营企业，相对于其他组织，苏宁拥有更灵活、更高效的决策机制，但真正推动变革也绝非易事。其中董事长张近东的作用至关重要，甚至是决定性的。在变革启动和推动过程中，他都会向员工宣讲转型的目标和意义；在转型遇到怀疑或阻力时，他则向干部员工表明决心，甚至以"谁阻碍变革，就撤掉谁"的强势态度排除阻力，推动变革。所以，苏宁能迅速超越竞争对手成为中国连锁百强之首，能在前景并不十分明朗的情况下启动间断式变革，绝非偶然。可见，企业最高领导者的决心和行动在某种程度上决定了组织变革的成败。

总之，我们正面临从未有过的艰难局面。在这个瞬息万变的互联网时代，"以不变应万变"的信条早已不合时宜，而未来的发展路径并不清晰，更没有成功案例可循。冒险甚至失败都可能无法回避，但"不变不行"的宿命和压力终将触发一场波及全行业的、所有传统企业的组织变革。因此，我们为先行者的勇气鼓掌，更期盼他们能"守得云开见月明"，找到一条适合自己的变革之路。

2. 探索试索

组织变革第二关就是探索尝试，只想不做是空想，而企业家都是实践者。我们说混序组织人力资源管理最重要的事情，就是赋予员工能力和职业规划与成长，其实，企业之间的差距，归根结底是人力资源与文化的差距，其他都是可以调整的。特别是人力资源的差距，我认为是核心差距。

这时候，你的组织方式要改变，那么，你应该怎么做？

首先，要审时度势，分步实施。其次，组建跨职能项目小组，按项目实施。最后，培育种子团队。更重要的，从胜任力到创造力最重要的工作，就是给员工设计角色。

互联网企业与传统企业有着本质的不同，传统企业不舍得给员工角色，互联网企业却很愿意给，他们编一堆角色给员工，这个首席，那个也是首席，而这些头衔的作用，员工不会想着如何当好管理者，而是一心一意守住首席员工这个角色，他一定是努力地在工作。

所以，我们要设计更多角色给员工，让更多的员工参与进来，如果没有这些角色给他们，他们就没有成长的机会，要知道人是在角色之上的成长。一定要记住这样一点：无论什么教育和培训，都不能使一个人成长，只有给他一个具体的角色和责任，他才会真正成长起来。

因此，轮摆式创新组织转型，领导者要成为一个无为管理者，就像《道德经》所说，无为而治——是老子对君王的告诫，不与民争。

老子认为："我无为，而民自化；我好静，而民自正；我无事，而民自富；我无欲，而民自朴。"而且强调"无为无不为"。

"无为而治"并不是什么都不做，而是不过多地干预，充分发挥万民的创造力，做到自我实现，走向崇高与辉煌。《道德经》享誉世界，被世界政要、精英名流、企业领袖所熟知，更被奉为旷世奇书。

"无为而治"其实就是一种赋能。不只是说我们怎样无为，还要跟大家连接，这才是关键，这就是要处理好个体与集体智慧之间的关系。怎样解决这个问题，我们要做好三件事：

（1）我们有一个共同的目标，这一点对于混序组织管理非常重要；

（2）我们要协同彼此的行为，组织成员要遵守共同的游戏规则；

（3）我们要有共同的语境，我们都可以回答如何让人更有意义的问题。

我认为，在未来的混序组织管理中，如何激活人，就是要我们不断交流，彼此开放合作，这会让我们找到更多的机会。

3. 整体启动

轮摆式创新组织转型的第三关就是整体启动。

我们必须清楚，领导要做的，应该是最大化使用手中的权力，为所有人设计一个公平、高效、规范、有凝聚力的组织，让人们各司其职，自律主动，这就是混序组织的整体启动。

企业不是一个人的企业，企业领导者能力再强，也无法靠一己之力把所有事情干完。所以，只有把体系、制度等根本问题解决，企业领导才不会"看上去很忙"。而且，如叶子瑜所说："企业要获得长远的发展，必须依靠体系，而不是依靠个人！"

想想看，不懂计算机的创立者为什么能够打造出阿里巴巴这个电子商务巨头？道理很简单，因为他们打造的是组织而不是产品！一款产品失败了，公司受到影响的可能只是业绩，但如果组织出了问题，公司的根基都可能会被动摇。这就是"领导要设计组织而不是产品"的意义所在。

轮摆式创新组织转型，整体启动要设立创新管理委员会、混序组织办公室，一次性跨职能工作需要全面转为圈层进行治理。一说到圈层，很多人想到人情世故，主要是因为中国是人情社会。但在去关系化的社会，只会让人变成原子化的个人，这是反人性的，因为人的本质在于其天生的社会属性。然而此处的圈层所指的是一种自组织的形态模式。

所谓"自组织"，是与被一个权力主体指定成立并赋予任务的"他组织"相对而言的。在管理学中，通常是指"网络"，社会学中则常常是指"社区"或"社群"。人际关系会带来信任，信任的存在可以大大降低交易成本，以信任关系为基础的自组织治理模式则是良善治理不可或缺的一环。

自组织团体表现在组织内会是最有活力、战斗力与创意的团队，表现在社会上则是现代复杂社会中的团体，如行业协会、慈善团体、社区组织、各类兴趣俱乐部等，可以其内部的社群规范与伦理建构出自治的良好秩序。

相信企业放开自组织之门，掌握层级与自组织之间的动态平衡，社群文化就不仅不会造成权力的异化，反而会成为企业良性治理的助力。

4. 制度固化

轮摆式创新组织转型的第四关就是制度固化。主要包括：完善项目管理制度，建立圈层绩效考核与激励制度，将前期项目化管理成果通过制度固化下来。

管理大师德鲁克认为："对于任何组织而言，伟大的关键在于寻找人的潜能并花时间开发潜能。如果失去了对人的尊重，这里的开发潜能很可能被理解成仅仅为了组织的绩效而把人视为使用的工具。只有恢复对人的尊重，才可能真正把人的才能释放出来。"

在打造混序组织制度固化方面，小米缔造了传奇！

小米成立以来，在内部完整地建立了一套依靠用户的反馈来改进产品的系统。小米公司通过小米论坛和 MIUI（米柚）论坛实现了线上同用户实时的零距离接触，用户的反馈意见能够得到及时响应，员工的表现可以通过用户的反馈得到反映。小米没有强调 KPI 和考勤制度，工作的驱动并不来自业绩考核，也不是基于领导者"拍脑袋"，驱动力都是真真切切地来自用户的反馈。

小米甚至要求工程师参加和粉丝聚会的线下活动。这样的活动让工程师知道他做的东西在服务谁。他感受到的用户不只是一个数字，而是一张张脸，是一个实实在在的人物，有女用户、女粉丝非常热情地拉他们签名、合影。

这些宅男工程师会觉得他写程序不是为了小米公司写，而是为了他的粉丝在做一件工作的时候，这种价值实现是很重要的。如果这件事只是 KPI 的需要，就很难让员工投入激情，同时，如果你抱着管理和控制的思想，也就控制了员工的创造力。

"互联网+"时代，企业的核心竞争优势来源于企业对用户需求的敏感度和满足度。每个公司要想成功，必须更加广泛地与用户建立沟通，给用户赋权，让用户成为发号施令者，让一线员工成为决策者，让用户广泛参与到产品和公司的改进之中，让用户以吐槽或赞扬来驱动员工进步。

管理大师德鲁克认为，在 21 世纪，激励知识型员工需要设计个性化的激励措施，要以激励他们的创造力为核心。而对于创造力来说，用户的需求才是终极动力源泉。做出让用户尖叫的产品，让产品成为引领、激励和衡量一切的风向标。

5. 深入人心

轮摆式创新组织转型的第五关就是深入人心。适时奖励优秀圈层和项目，大力宣扬优秀圈层的事迹、优秀成果，培育混序化企业文化。

企业文化是当今混序组织管理体系中最不可捉摸而又经常发出不和谐之声的"幽灵"。一方面我们震慑和憧憬于葛鲁夫大喊"企业文化是 INTEL 的核心竞争力"，另一方面我们又迟疑和迷惘于企业文化到底能起到多大作用以及如何让它起到作用。

总之，企业文化似乎是一个只能看到结果却不知道过程、只可以意会不可以实实在在把握的"模糊"管理工具。企业文化作为企业构建核心竞争力的重要命题，是企业软实力的主要表现，为企业的持续发展提供"空气"，如图 4-25 所示。

由此，企业文化能在组织中产生 6 种力量：凝聚力、激励力、约束力、导向力、互动力、辐射力。

（1）凝聚功能：将个体凝结成高效统一的组织；

（2）激励功能：良性的机制催人奋进；

（3）约束功能：规范和约束组织、个人的行为；

（4）导向功能：对组织、个体的目标进行引导；

（5）互动功能：与组织中的硬要素互动，促进组织进步；

（6）辐射功能：能进一步影响到同业、社区、社会等。

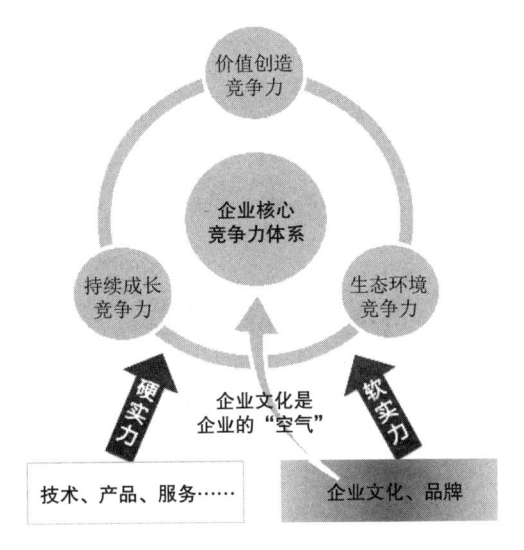

图 4-25　轮摆式创新企业核心竞争体系

四、轮摆式创新启动"斩六将"

"过五关斩六将",是小说中虚构的情节,比喻做事困难重重。我们这里比喻轮摆式创新也可以说是"过五关斩六将",在突出它困难的同时,也在说明它对组织对企业的重要性。

轮摆式创新不是"微创新",而是对过去组织的进化推动!并且轮摆式创新的各项方法步骤可以帮助传统组织以阻力最小的方式、以最短的路径在相对较快的状态下完成整个组织的升级成长,保持组织持续发展的核心竞争力。

1. 企业领导思维:平等、协作、共享、共同努力

企业领导的思维,企业领导的瓶颈是第一关。不管是科层制还是

混序组织,企业领导都是公司的一把手,组织的实际控制人。轮摆式创新启动后,企业领导往往是组织去中心化、组织转型变革的最大障碍。

往往那些永远做不大、做不强的企业领导,存在这样的思维定式:

安于现状梦想不大。不希望改变科层制组织和管理模式,不希望走出自己的舒适区,对竞争没有充分的认识,对机会不敏感。

没有创业规划的企业领导。对拥抱互联网准备不足,对即将来临的组织变革缺乏认知,对自己的事业做中长期规划,往往在经营中浪费很多资源,或者让人才流失,或者让资源闲置,所以他们的经营成本很高,最终就是被对手、行业,被这个社会所淘汰。

不重视人才的企业领导。在科层制组织中,人才可能只是流水线上的一道工序,但是在混序组织,人才需要知识、能力和创新精神,而不是过去企业领导手下的一颗棋子。一个不重视人才的企业领导,也不会把人才放进最合适的位置,让他们发挥主观能动性。

完全自己摸索,从不向名师请教的企业领导。对组织变革了解不够,认识不够,但又不想学习,不愿意请教,这样的企业领导,也不愿意"革自己的命"!

观念保守思维不开放的企业领导。看看中国企业发展的轨迹,越是开放的企业,越是发展得快;越是观念落后的企业,越是发展得慢。思维不开放的企业领导,总是自己拒绝了很多的发展机会!

而那些愿意变革的企业领导,往往具备这样的思维:平等、协作、共享、共同努力,如图4-26所示:

图 4-26　青色组织四大要素

这也是在轮摆式创新中,青色组织的四大要素:第一是平等,第二是协作,第三是共享,第四是共同努力。

2. 高管理念:价值观转变与任务

在传统层级组织中,员工大都倾向于把真实的想法藏起来,都去当演员。想一套,说一套,做又是一套。员工在这种环境中长期形成的习惯、思维模式,在混序化青色组织转型过程中就需要转变。

组织去中心化转型,所有员工都可以运用身心完整的原则从中受益,而其中又以那些有想法、有干劲、有创造力的员工受益最大,如图 4-27 所示:

图 4-27　青色组织价值观的改变

高管的任务：将组织中的封闭竞争转变成具有安全空间的良性对话环境，如表 4-11 所示：

表 4-11　混序青色组织安全空间的创建模型

情绪空间 - Emotional Intelligence	挑战空间 - High Quality
1.我时刻感知自己的情绪和情感，来自身体内在告诉我的声音 2.我开放表达我的情绪和情感，我知道我会被听见和感受得到 3.但我也不小孩子气，或者情绪化，我找到自己和团队之间的共融性和平衡度 4.感性与理性的平衡让我充满能量，可以身心完整地投入工作 5.我也能够主动关注他人的情绪和感受，我愿意听见他们的声音	1.我愿意表达我对他人工作的高期待 2.我对可以做的更好的事情主动提出意见建议 3.我时刻挑战现状 4.我欢迎并直面冲突，非暴力的沟通，并充分表达观点 5."问题"对我来讲不是抱怨，而是"让我可以变得更好的改善机会" 6.我表达观点，直面挑战，但我不勉强和强迫他人做事
角色空间 - Role Ownership	风险空间 - innovation and risk taking
1.我是我角色的主人，我同时开放倾听他人的意见建议 2.我有清晰的责任在我所拥有的角色下能够多行事 3.我有足够的权力在我所拥有的角色下做我认为对的决定 4.我努力寻找资源，来丰盈我的角色 5.我开放与其他角色合作协同	1.我总是有新的想法并愿意在团队中提出 2.我勇于尝试新鲜事物 3.没有不可能，只有不尝试，试错是我们的基因之一 4.我们主动"庆祝失败" 5.我看得见不同的机会
多样空间 - Diversity and inclusive	发展空间 - learning and growth
1.我们本就不一样，我接纳彼此 2.我认为每个人都有不同的价值，我好奇发现他们的不同价值 3.我公平对待每一个人，尊重差异化 4. Stay different, Stay weird 我与众不同，我有点奇怪	1.我对我不懂不理解的问题可以开放提出 2.我愿意开放分享我的知识和技能 3.对于未知的话题，我时刻保持开放的心态和沟通方式 4.我的成长我做主，我为此负责

3. 权力分享：下放权力，放松控制

传统层级组织混序化转型，实现去中心化，要对管理者原有的权力进行消解，把权力结构化，使权力下沉。中心化的权力分解成分布式的权力，"让听得见炮声的人指挥炮火"。

以前指挥炮火的是首长，组织混序化以后，让圈长与专家来协助炮火发射。将权力分给圈层中所有的参与成员，彼此以共识和发自内心的理解和支持为基础来推进工作的落地，如图 4-28 所示：

图 4-28　权力分享的两个关键点

前三关的目的在于打造创新环境：帮助组织成员由命令控制转变为自发协作。

我们可以将前三关的行动使用下列的 WHAT, WHY, HOW 来加以说明，如图 4-29 所示：

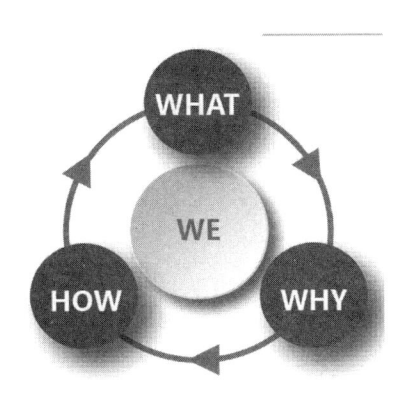

图 4-29 "3W"分析法

WHAT：在团队中，自发和协作经常视为一种反向关系——更多的自发性意味着更少的被动协同。

WHY：我们大多数人都是在旧有的管理风格中长大的，这种风格牢牢地嵌入我们的文化中，所以必须改变。

HOW：建立跨组织部门的协作机制，允许所有人自由的表达意见，鼓励同侪之间的相互反馈。

4. 治理模式：动态战略，创新模式

传统层级组织管控模式，由内部的制度、流程，严格的分工形成管一段、各司其职的管控形态，各扫门前雪，哪管他人瓦上霜。这种管控模式的制度体系，就是官僚化、山头主义、本位主义的源头，如图 4-30 所示：

图 4-30 传统管控弊端

轮摆式创新启动,组织治理模式进化:将预测控制式战略转变成动态战略,如表 4-12 所示:

表 4-12 轮摆式创新启动

痛点	FROM	TO
业务陷入过去的惯性中,没有办法创新	以老板作为指南针	以使命作为指南针
战略执行总是不到位,老板觉得员工不理解战略,员工抱怨战略沟通不到位	战略是老板的事情	战略跟所有人相关
员工缺乏系统思考视角	局部视角思考问题	整合视角思考问题
市场变化太快,每年年初定立的战略,并不能贯彻执行到底	定战略是每年一次发生的	定战略是持续的可调试的
前线的人提出的市场信息总是被忽略,容易闭门造车	业务增长点是设计出来的	业务增长点是长出来的
战略的落地没有让"对"的人参与	只有中层参与战略执行	某个生态群落参与执行

轮摆式创新的治理模式:随着创新活动的发展,组织结构会成长演变——多种结构皆可以并存在同一公司里,如图 4-31 所示:

如何进行轮摆式创新组织转型　PART 4

随着创新活动的发展，组织结构会成长演变——多种结构皆可以并存在同一公司里

	创新活动开始	扩大创新	持续创新
权力下放的/独立的	◆ 由BU赞助和管理的试点方案 ◆ 去中心结构或协调机构	◆ 不同组织之间共享标准的最佳实践	◆ 组织形式和过程开始向最佳实践靠拢 ◆ 仍然反映了家庭组织的文化和独立的管道
集权控制的/自上而下的	◆ 由CEO通过SLT推动创新方案，以支持新的创新委员会 ◆ 聚焦在目标示范性创新方案	◆ CEO通过SLT驱动目标 ◆ 创新团队直接向CEO或负责增长创新方案的SLT汇报	◆ 首席创新官或首席增长官坐镇SLT并负责NBD、风投、NPD和研发 ◆ 强大的预算管控和创新管道的责任
协作的/基于团队的	◆ 组成临时性的跨职能和/或跨业务团队，领导不同的创新倡议 ◆ 通过一个新的业务或创新委员会协调	◆ 协同的SLT通过推动跨组织的创新未来支持创新委员会的工作 ◆ 使用跨职能的高效能创新团队	◆ 强大的跨业务创新和新业务投资委员会负责创新管道，该委员会由首席发展官或首席增长官主持 ◆ 固定员工和兼职员工都提供支持

图 4-31　轮摆式创新治理模式

德鲁克说过："成长型企业的成功，依赖于它在一个小生态领域中的优先地位，主要是占领市场中的某一个小领域，免受竞争和挑战，在大企业的边缘地带发挥自己的独特专长，争取在一些特殊的产品和技术上称为佼佼者，逐步积累经营资源，求得发展。"在轮摆式创新组织里，企业的成功所依赖的独特专长，由原来单一的产品或技术，转变成了整个组织的结构转变与升级。但不要求所有组织都完全转变，可以在组织中依然保存旧有结构的某些内容，或是同时有多个结构一同并行。

5. 企业文化：扁平、创新文化的产生

企业文化是一种体系，源自老板（CEO），公司上下都深受其影响。原有的企业文化，很大程度上会阻挡项目化的新工作模式，阻挡新的扁平的、创新文化的诞生，如图 4-32 所示：

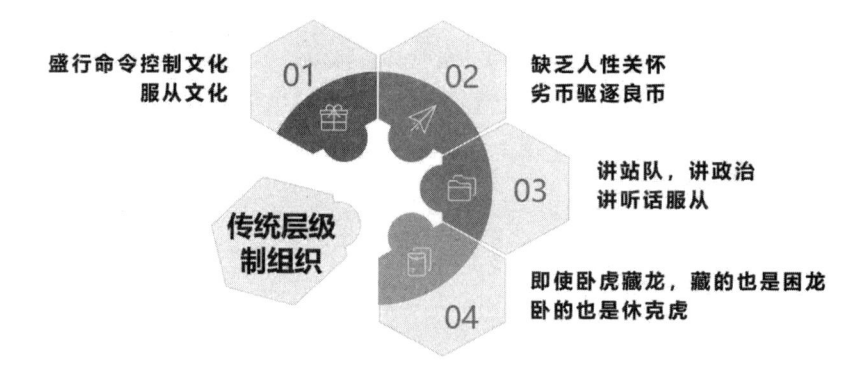

图 4-32 传统层级制组织

企业文化之一：由完美稳定的形态转变成敏捷迭代的系统机制。如图 4-33 所示：

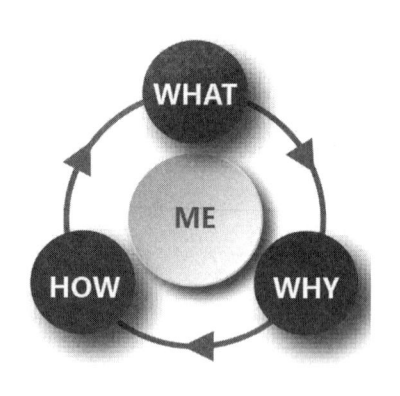

图 4-33 "H"分析

WHAT：感知与响应能力成为组织和个体应对复杂世界的一种新思考和协作模式。

WHY：我们所处的世界已经完全步入 VUCA 时代，让我们全面感受到了易变的、复杂的、不确定的以及模糊的商业环境和生存环境。

HOW：稳定周期性目标管理变成敏捷开放目标管理，目标驱动变成张力驱动，瀑布式项目管理变成分布式项目管理。

企业文化之二：由集权科层组织变成去中心化组织。

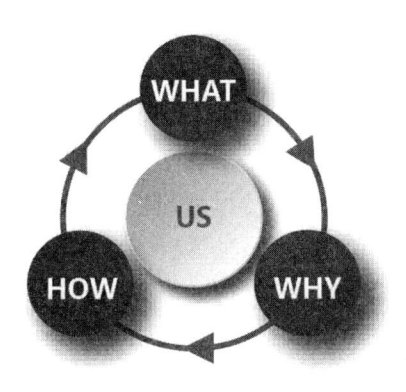

图 4-34　企业文化 3 "H" 分析

WHAT：调试性领导力（Adaptiveleadership）。更去中心化，更具有影响力。

WHY：在互联网世界，一切都是开放透明、动态迭代、去中心化的，每个人都能成为超级个人 IP。

HOW：去运营化——领导者放手运营权力；角色细分——领导角色的分布化；认知升级，完整分布式架构。

企业文化之三：由封闭边界组织转变成无边界社群。

图 4-35　企业文化 3 "H" 分析

轮摆式创新 **阶段式赋能组织升级**

WHAT：组织的边界开始打开，与生态更加深入开放的互融。

WHY：成功的标准是"贡献于自己的使命"。

HOW：使命共享、社群化、人力资本分布化、组织所属权公有化。

旧世界
雇主+雇员丨老板+员工
- 个体信赖组织，获得安全感和生活保障
- 组织拥有权力，并致力于赋能员工以不断提升劳动生产力

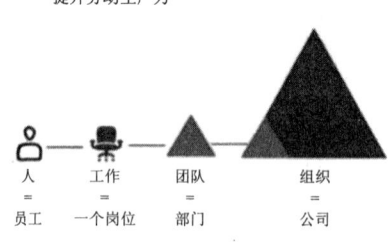

人 = 员工　工作 = 一个岗位　团队 = 部门　组织 = 公司

新世界
超级个体+超级平台丨个人IP+社群
- 个体因为志同道合，使命共振走到一起，共同协作
- 个体独立且富有安全感，个体赋能组织

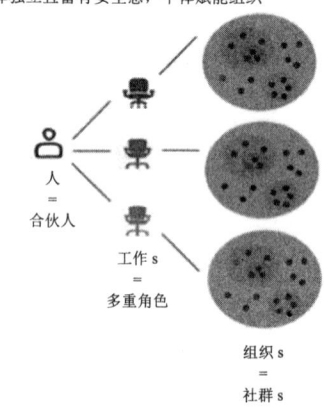

人 = 合伙人　工作s = 多重角色　组织s = 社群s

图 4-36

企业文化之四：由隐私保密变成开放透明。

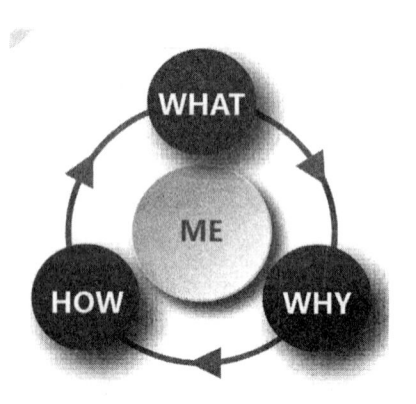

图 4-37　企业文化 3 "H" 分析

WHAT：开放透明指的是在组织内的真实明确信息的随时可用度。

WHY：企业极度关注信息保密，不允许有任何的信息被外露，他们会时刻提防自己的信息是否会被竞争对手所捕获。

HOW：信息开放的 4 个维度——组织架构的开放透明，组织治理和运营机制的开放透明，组织权力和决策的开放透明，个人与团队工作的开放透明。

从科层制到混序组织变革的同时，文化同时也在变化。企业文化是发展变化的文化，是企业在发展过程中形成的并为全体成员遵循的共同意识、思维方式、价值观念、行为规范及准则的总和，如图 4-38 所示：

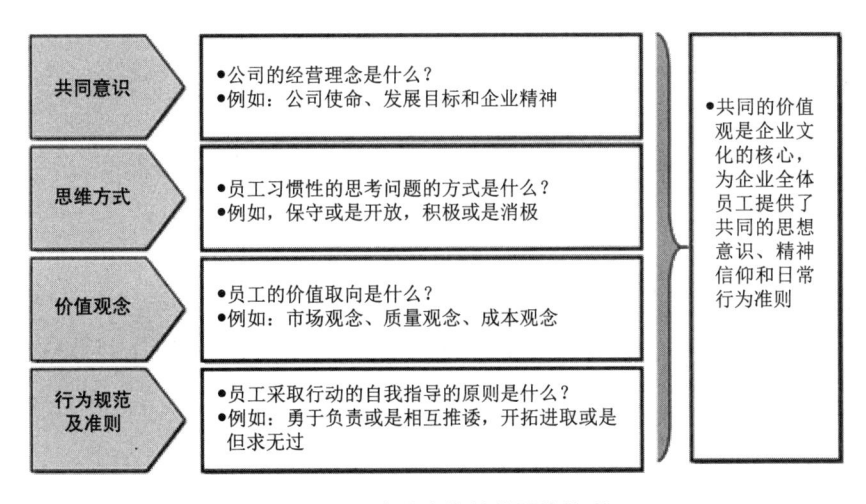

共同意识	• 公司的经营理念是什么？ • 例如：公司使命、发展目标和企业精神	
思维方式	• 员工习惯性的思考问题的方式是什么？ • 例如，保守或是开放，积极或是消极	• 共同的价值观是企业文化的核心，为企业全体员工提供了共同的思想意识、精神信仰和日常行为准则
价值观念	• 员工的价值取向是什么？ • 例如：市场观念、质量观念、成本观念	
行为规范及准则	• 员工采取行动的自我指导的原则是什么？ • 例如：勇于负责或是相互推诿，开拓进取或是但求无过	

图 4-38 企业文化的共同价值观

混序组织内部更像文化与制度的混序，但是文化和制度又不同。文化是让能犯错的人不想犯错，制度是让想犯错的人不敢犯错。制度是强制的，文化是无形的。我们常说，企业文化与规章制度刚柔相济，是维系企业永续发展的两大制胜法宝。

	企业文化	管理制度
管理性质	•柔性管理	•刚性管理
控制方式	•以人为本，依靠人的自我控制和主观能动性	•对人的行为进行外部控制
相互关系	•积极的企业文化是企业制度的有益补充	•合理的企业制度推动企业文化的良性发展

图 4-39　企业文化与管理制度

混序组织中，企业文化和制度是不同的概念，是一种对立统一的关系的强大工具。从管理哲学的角度看，企业文化的概念就是以文化为手段，以管理为目的的文化管理模式：汲取传统文化精华，结合当代先进管理思想和策略，为企业全体员工构建一套明确的价值观念和行为规范，提升公司管理水平。

6. 素质能力：自我管理，自我组织，自我实现

从管理者到员工的素质能力的提升，是层级制组织实现混序化转型必须迈过的关口。项目化的混序组织中，要求管理者和员工具有更高层次的自我管理技能和水平。

团队	角色
分享	共赢

自我管理
自我组织
自我实现

图 4-40　轮摆式传统素质能力

（1）个人变现—> 自我实现

图 4-41 轮摆式创新 3 "H" 分析

WHAT：自我实现者是拥有自主人格的人，他们自己决定自己，自己为自己负责。

WHY：履行推动价值，参与到自我实现的演变，具有使命心态。

HOW：个人使命探寻，Passion——热情、Core.Values——核心价值观、Skills——技能。列出你的才华清单。

有意义的工作地图，如图 4-42 所示：

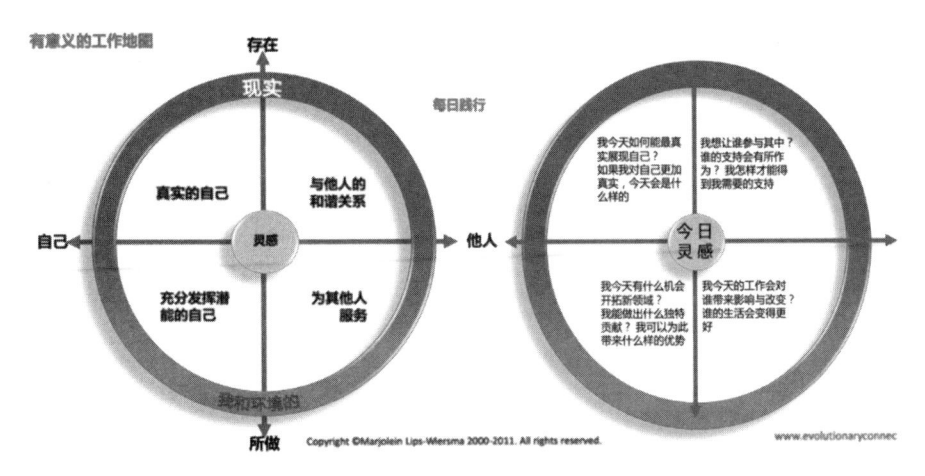

图 4-42 有意义的工作地图

（2）自我满足—> 自我精进

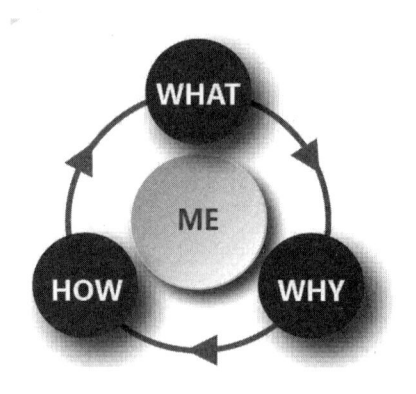

图 4-43　轮摆式创新 3 "H" 分析

WHAT：自我精进指的是不断突破自己的舒适区，提升应对复杂世界的能力。

WHY：真正的高手不是享受更多的自由，恰恰是反过来的，高手是感知到了更多的限制和边界。

HOW：走出舒适区，精力曲线——找到黄金一小时，不断反思自己的心智模式。如图 4-44 所示：

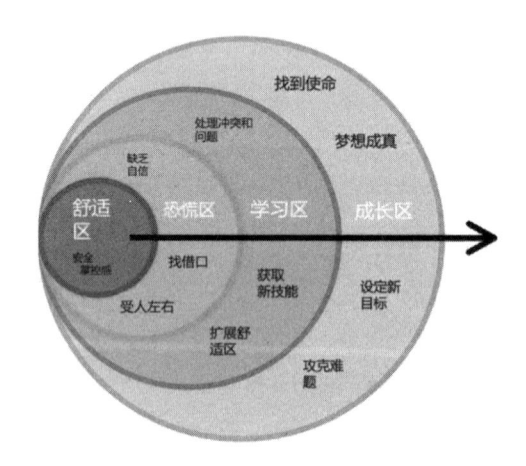

图 4-44　走出舒适区

"谦受益，满招损"，自我满足无异于职场的自杀行为。任何一个不喜欢学习的人，必将被组织所淘汰。混序组织，需要自我精进的人走出自己的舒适区，不断创新和发展自己。

"自我精进"是指一个人总是能认清自己真正的愿望，为了实现愿望而集中精力，培养必要的耐心，并能客观地观察现实。这是建立学习型组织的精神基础。一个能够自我精进的人，一生都在追求卓越的境界，自我精进的价值在于学习和创造。

自我精进指的是突破极限的自我实现，强调的是自我的进步、发展。它有两个前提：一是认知自己的"愿景"，二是认知自己当前的真实状况。如图 4-45 所示：

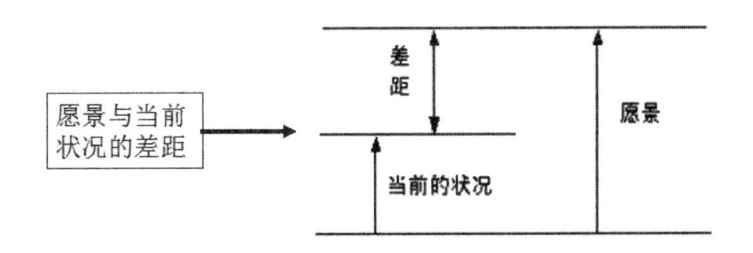

图 4-45 愿景与现实的差距

不断学习，不断否定自己，并且不断超越自己，这就是自驱变革。想成为一个成功的人，没有强大的持续学习的能力，是根本不可能的。因为，在与竞争对手的竞争中，谁学得快，进步得快，谁就能更快地具备竞争优势，更容易取得成功。

看一个人有没有前途、有没有真正的竞争力，主要是看他的学习能力。看一个企业的发展速度，或者有没有持续发展的能力，也是要看这个组织的学习能力。学习能力的强弱决定着竞争力的大小，决定了将来的发展前景。所以，不论是企业还是个人，想要超越对手，拥抱未来，就要持续不断地努力学习。

（3）自我设限—> 动态自治

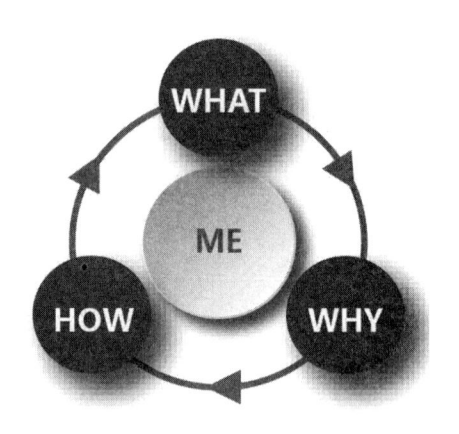

图 4-46　轮摆式创新 3 "H" 分析

WHAT：超越单纯问题，不再是两难问题，也不会是棘手问题。

WHY：自我设限的表现形式是行为设限，本质是认知受限，根源是行为受限。

HOW：具有全局的系统视角，自己对自己的角色负责。

混序组织不仅是企业管理的创新，在投资领域也有巨大的实践价值。

——红杉资本中国基金创始人及执行合伙人，
携程网创始人沈南鹏

企业混序组织，是我所看到的唯一完全来自企业真实经验总结的理论体系，深为震撼，受益良多，必须强力推荐。

——混沌商学院创始人李善友

企业混序组织非常实用，在电视和媒体领域有许多项目就可以借鉴这个方式来完成，我会推荐给优米网的管理者。

——优米网创始人&CEO，央视制片人&主持人王利芬

后 序

全力激活个人价值

我们知道,根据马斯洛需要理论,人类的需求就像阶梯一样,从低到高分为五层——生理需求、安全需求、社交需求、尊重需求和自我实现需求。传统人力资源管理,身在知识密集型组织中,每一个个体更加看重社交需求和尊重需求,甚至自我实现需求。因此比较好地了解员工需求,是确保企业有针对性地推行激励制度的前提。

自我实现需求
(如何发挥潜能、实现理想的需要)
尊重需求
(如对威信、地位、自我尊重的需要)
社交需求
(如对爱情、友谊、归属的需要)
安全需求
(如对保护、秩序、稳定的需要)
生理需求
(如对食物、水、空气、住房的需要)

事实上，员工需求与劳动力市场变革息息相关。相关调查显示，新生代员工对物质的追求更加直接和现实，他们更加关注工作和生活的平衡，并不把工作视为生活的全部，所以对组织的依赖度和忠诚度普遍降低，这对传统人力资源管理模式造成的影响，显然是颠覆性的。

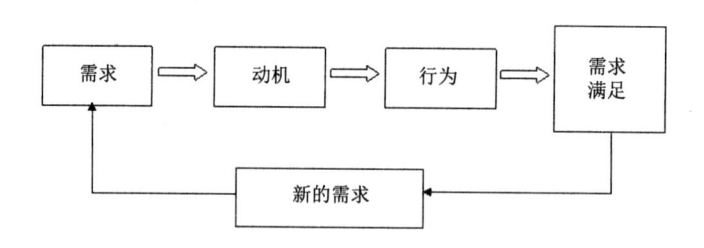

```
需求 ⟹ 动机 ⟹ 行为 ⟹ 需求满足
  ↑                        ↓
  └──────── 新的需求 ────────┘
```

同时，互联网技术的发展，科层制组织到混序组织到转型过程，对员工工作行为也产生了显著影响，并且持续改变传统社会的一些运行规则，包括人力资源管理的规则。

因此，我认为，企业要想实现组织变革，以及自身健康长远的发展，就要全力激活个人价值，实现员工从科层制管控到混序组织"赋能"的转变。

在混序组织中，如何激活个人价值？

我们不难看到，很多企业花巨资引进先进设备，结果职员素质跟不上，最后业绩下滑，机台设备空在那边布满灰尘。所以，真正能够长久发展的，首先还是要搞定人，要对员工赋能，对职员进行长期有效地系统培训和离开学校走向工作岗位的再教育，只有这样，企业配置的硬件、流程、投入的资金才能真正发挥最大化效应。

混序组织员工从岗位胜任到创造，就是人的培养与硬件设置的匹配，就犹如一把最现代化、最有杀伤力的枪给一个不懂使用枪的人，最后能射中目标吗？显而易见，现代化的枪浪费了，还不如一把旧枪放在神枪手的手中的效果好。

决定一个人在工作上能否取得好的成就，除了拥有工作所必需的知识、技能外，更重要的取决于其深藏在大脑中的人格特质、动机及价值观等。

混序组织人力资源管理的定位：确保企业有优秀的个人、组织和文化。

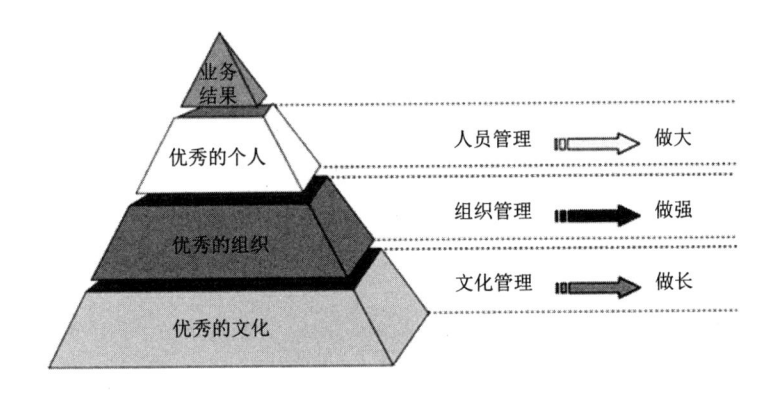

金字塔图（从顶到底）：业务结果 / 优秀的个人 / 优秀的组织 / 优秀的文化

- 人员管理 → 做大
- 组织管理 → 做强
- 文化管理 → 做长

素质模型为招聘、培训和职业发展等人力资源体系的建立提供了平台

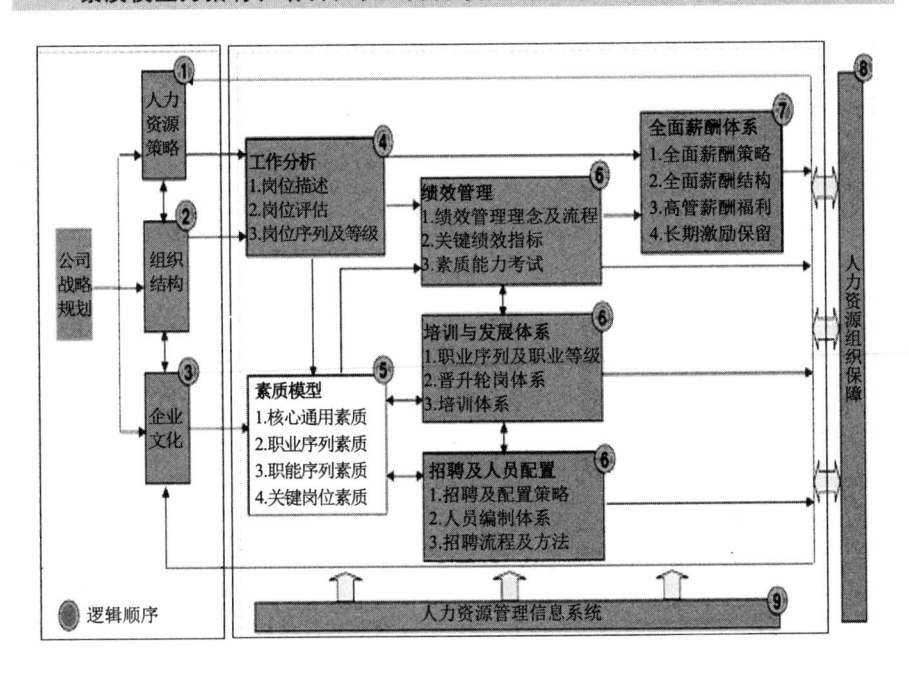

公司战略规划

① 人力资源策略
② 组织结构
③ 企业文化

④ 工作分析
1. 岗位描述
2. 岗位评估
3. 岗位序列及等级

⑤ 素质模型
1. 核心通用素质
2. 职业序列素质
3. 职能序列素质
4. 关键岗位素质

⑥ 绩效管理
1. 绩效管理理念及流程
2. 关键绩效指标
3. 素质能力考试

⑥ 培训与发展体系
1. 职业序列及职业等级
2. 晋升轮岗体系
3. 培训体系

⑥ 招聘及人员配置
1. 招聘及配置策略
2. 人员编制体系
3. 招聘流程及方法

⑦ 全面薪酬体系
1. 全面薪酬策略
2. 全面薪酬结构
3. 高管薪酬福利
4. 长期激励保留

⑧ 人力资源组织保障

⑨ 人力资源管理信息系统

● 逻辑顺序

203

轮摆式创新 阶段式赋能组织升级

如果说管控代表管理的过去科层制，那么赋能就是管理的未来——混序组织。我认为，管理的未来最大的问题就是混序组织的赋能以激活个人。因为在未来，可标准、可量化、可考核的部分，都可以用机器人来代替人工，唯一不能代替的就是人的创造力。

因此，我们做管理，首先要问自己这样一个问题：如何让人更有意义？

如果我们自己都不能回答这个问题，那么管理这个工作也可以被替代。所以管理者要不断地问自己：我们能创造什么价值？在未来的混序组织管理中，最核心的价值是什么？其实，这两个问题的答案，就是我们如何全力激活个人价值。

另外，根据詹勒霍克曼领导人培训公司的研究，领导素质中，拥有"鼓舞和激励高绩效"的能力，是预测非凡领导者的重要指标。此外，同样的领导能力"鼓舞和激励"，与员工高敬业度有关：是一种员工、工作、工作环境在心理层面上的连接。鼓舞和激励型的领导者会从追随者的身上看到新的行为、结果、态度和情感。鼓舞人心的领导，可直接关系到工作表现，如下图所示：

√更高的生产力	√更负责任的行为
√更大的自信和对该组织的信心	√更多对工作和组织的热情
√乐观和希望	√个人弹性度提高
√主动精神	√提升员工的承诺与参与

上列提供鼓舞人心的领导者的行动与行为，请检视自己是否已付诸实行：设立延展性目标，检视下属的工作，并检查他们是否感到工作具有挑战且能够实现个人抱负；建立一个合作的愿景和方向，以建立组织协调和联系；频繁、热情与积极的沟通；借由培训或新的任务，以及具有挑战性的工作来开发人才；建立团队合作典范，致力将团队

或组织的利益放在个人利益之前；促进创新，鼓励人们提出新点子、新方法并管控风险。

混序组织全力激活个人价值，你是否还需要发展和改进哪些行动，以进一步提高你鼓舞人心的领导技能呢？我们说，混序组织绝对不是一堆理论，而是去实践，真正打造最有生命力、最有增长潜力、决定未来的组织。